NEYMAR
THE DREAM OF BRAZIL

内马尔

无畏质疑

[丹麦] 彼得·班克（Peter Banke）◎著
李贵莲 王宁轶◎译

Neymar

ZHEJIANG UNIVERSITY PRESS
浙江大学出版社

NEYMAR
The Brazilian Dream

目 录

　　于我而言，事情是这样开始的：

　　初次见到他时，我便被他身上所散发出来的魅力所深深吸引。

　　我坐在位子上，身子往前倾，眼珠子就像动画片中的卡通人物一样，扑地一声快要弹出来。

　　2011年6月，在巴西球星罗纳尔多告别赛到来之前，我在训练期内见识了这个骨瘦如柴的少年是如何玩转足球的。那惊人的风格是我在罗纳尔多、罗比尼奥和罗纳尔迪尼奥等人身上都不曾见过的。

　　这个内马尔，关于他，之前我已有不少耳闻，在电视上也看见过好几次……但在圣保罗的柏卡安布球场，在罗纳尔多光荣退役的那段日子里，见到活生生的他，仍让我顷刻间感觉自己重新燃起了对足球的狂热。罗纳尔多光荣褪去，内马尔壮丽崛起，这是足球运动史上精彩而完美的有序更迭。

　　事情还远非如此：

我想了解内马尔这一路是怎样走过来的。他来自哪里？是什么（或者是谁）成就了他？他还能够走多远？

我想见证这个男孩的成长，一如他的祖国——巴西——正在日渐壮大，留给人们的印象不再只是桑巴舞、嘉年华和足球。

于是，我开始登门造访那些在内马尔生命中有着重要意义的人。

这本传记以我在2011年至2013年间的采访之旅为线索，在此期间，直觉非常肯定地告诉我，内马尔就是下一位超级足球明星。

一名名受访者的真诚吐露和热情讲述，为我展开了一幅幅他们与这个男孩共同经历过的画面，其中包括他读书时的同学、踢球时的队友、生活中的朋友，以及他本人。而就在我的旅程刚要结束时，不论是内马尔还是巴西，都已堪称世界足球巨星或超级新兴大国。

这本书中的资料大多来自于对内马尔有着深入了解的人们。这些人曾给予他帮助，也曾无条件地信任他。

在内马尔的成长过程中，除了当一名职业足球运动员的个人抱负外，他还必须努力实现更多人的期望。他的梦想寄托着其他人对于他们自己的梦想。作为一名足球运动员，内马尔总是被各种利益群体包围着，这些人有的想独占整个蛋糕，有的想分到其中的一块。

因为，内马尔的故事并非仅由他一个人写就。

彼得·班克

于里约热内卢

父亲的礼物

摩基达斯克鲁易斯市一个夏天的夜晚，带着巴西特有的酷热。

在仁慈堂医院，娜丁和内马尔·席尔瓦·桑托斯刚刚升级为一名健康男婴的父母。

那一天是1992年2月5日，内马尔·席尔瓦·桑托斯正在为汽车的启动器问题伤脑筋。

在向朋友阿蒂略·毛罗·斯沃蒂报喜时，他非常客气地拜托阿蒂略开车把自己一家人从医院接回家。阿蒂略二话不说便答应了，这是他非常愿意做的。

对内马尔的父亲而言，最亲的人莫过于自己的妻子。

阿蒂略是圣保罗足球乙级联赛一家小俱乐部的理疗师，俱乐部名叫工会俱乐部（União FC）。作为一名在边路活动的球员，内马尔的父亲在老洛佩斯球场①里踢过无数场球，场上的白线在他的脚底下被一点一点地磨损。

每当老内马尔腿受伤时，都会让阿蒂略开车载他，而阿蒂略也总能为他雪中送炭。

此刻，阿蒂略的车内气氛和睦，在送内马尔一家回公寓的途中，驾驶员看到了这对"新任"父母嘴角处流露出的含蓄而幸福的微笑。

依偎在妈妈怀中的这名小男婴多年后成了巴西足球界最知名的人物之一。

"挺有趣的，不是吗？"在位于摩基市②中心的诊所里，阿蒂略那被太阳晒得黝黑的脸上浮现着笑容，从医院回到家里的20多年后，有关内马尔，尤其是他父亲的记忆依然清晰地存在他的脑海中。

在他打开电视机看到赛场上的内马尔的一刹那，阿蒂略思绪万千，往昔的一幕幕在脑海里不由自主地翻滚起来。

"内马尔说话的神态、开玩笑的方式、走路的样子……"他解释着说，"都和他父亲很像。"

而早年时期的内马尔也确实处处都在学习和模仿自己的父亲。

才一岁大时，母亲就给他穿上婴儿版的工会俱乐部球衣，抱着他去观看父亲所效力的球队的主场比赛。小儒尼尼奥（Juninho，内马尔的乳名）和其他球员家的孩子一样，几乎看过全部工会俱乐部的主场比赛。

"也许早在那时候，他就以父亲为榜样了。我猜你可能会说内马尔身

---

① 球场的全称为old Estádio Francisco Ferreira Lopes。——译注
② 即摩基达斯克鲁易斯市的简称，位于巴西圣保罗以东约40公里处。——译注

内马尔的父亲内马尔·席尔瓦·桑托斯

上淌着足球的血。"阿蒂略说道，接着便开始分析起了老内马尔和小内马尔的不同之处。

"内马尔遗传了父亲的速度，但他的脑子转得比他父亲还要快。内马尔运球的时候，没人知道他下一步要干什么！"

内马尔的父亲在足球方面有着过人的天分，不仅如此，他在场外也颇受瞩目。他特别善于扮演小丑，也很爱开玩笑。他可以把巴西国内最流行的"全民运动"tria ondas①演绎到极致：训练时或在训练营里，他会开些小玩笑来调节气氛。

"内马尔的父亲在工会俱乐部踢球时，去摩基市观看足球比赛成了一件特别的事情。"阿蒂略说完停顿了一会儿，他的眼神变得有些茫然，眼里流露出几丝伤感。

"有时我很怀念那些日子。老内马尔是一个很有魅力的球员，深受粉丝们的爱戴。"

但老内马尔在摩基市的最后日子过得并不愉快。

***

一场猛烈的风暴袭击了摩基市。

雷声迅猛，像辆货运火车似的轰隆隆从天而降，吓得人们站不稳脚。一道道闪电势如破竹般地切割着苍茫的黑夜，劈倒了老巴蒂斯塔教堂（old

---

① tria ondas即开玩笑的意思。因为巴西人十分热衷于此，作者于是戏称之为"全民运动"。——译注

Batista Church）旁边城市广场上的一棵大树。

第二天，对这场风暴的报道便上了两家地方报纸的头版。

这类新闻报道正是我们远离巴西大城市的书面印证。

摩基市距离圣保罗大都市约有90分钟车程，是巴西最古老的市镇之一，据说于1550年由一群所谓的"先锋旗手"（bandeirantes）建立。

"先锋旗手"最初由圣保罗人带领，圣保罗人以土著和黑人为奴，进行了长达一个月的远征，他们到达巴西内地，寻找矿石、金子和珠宝。

在目睹"先锋旗手"的发现之前，葡萄牙殖民者显然对探索和开采这片土地没什么兴趣，而"先锋旗手"却在他们的征途中建立了城镇，积累了财富，取得了重大进展。

在今天巴西的1.94亿①人口中，有35万人是原始土著部落居民，巴西黑人总数仅次于尼日利亚，日裔居民数则排在日本之后。

事实上，任何一种肤色、任何一种发型（瞧瞧内马尔就知道）、任何一种族背景的人都能在巴西找到。

巴西人作为一个泾渭分明的群体其实并不存在。这个国家引人注目的多样性即便在摩基这样的小市镇里也很明显。你只需往街头看上几眼，就知道这里是在巴西。

2001年至2009年间，安倍顺耳（Junji Abe）担任摩基市的市长。他的父母是来自日本的农民，他们同其他日本人一样不远万里来到巴西，在这里经营咖啡种植园。

同圣保罗这样的大都市相比，摩基市显然要安静得多，那些穿梭于冷

———
① 原书初版于2014年2月，确切数值或与实际略有误差。——译注

酷而烟雾弥漫的钢筋丛林中的人们来到这里，可以缓缓地透上一口气。不过，摩基市也正在不断成长中。起重机和林立的高楼也开始重新勾勒着小市镇的天际线。摩基市成为圣保罗的一部分或许只是时间上的问题。

内马尔和家人居住在这里时，小市镇约有20万居民，高楼大厦在这里十分罕见。今天，随着越来越多的人来这里投资房产和建筑业，小市镇的居民人数已是原来的两倍。各类新行业和一家家公司在这里落地生根。当年的贫困社区如今已堪称中产阶级社区。小城自称"进步之乡"，这并非是毫无根据的。

1986年，市长瓦尔德马·哥斯达·菲略（Waldemar Costa Filho）决定在罗德尤地区为距离市中心几千米之外的低收入家庭建设一片集体公寓。老内马尔正是在20世纪90年代初携妻儿入住了其中的一间一室户。

内马尔一家有位老邻居名叫罗萨尔多·埃迪森·拉赛达，当他打开自己公寓的房门时，内马尔童年时居住的那间小屋便一成不变地展现在我的眼前。罗萨尔多现在是保利斯塔联盟（Federação Paulista）分支机构摩基市足球联赛的负责人。他一心想着桑托斯和地方俱乐部的利益，这种热情多少与他的前任邻居有几分相似。

"当你看到一个摩基人在为巴西国家队效力时，你会禁不住感到由衷的骄傲。"罗萨尔多说。

"想想内马尔成了整个巴西乃至整个南美洲的足球偶像，成了同里奥内尔·梅西和克里斯蒂亚诺·罗纳尔多竞争世界最佳球员的新星，这让我们感到无比自豪。在媒体面前，内马尔总是会说自己出生于摩基达斯克鲁易斯市。"罗萨尔多说完又连忙加了一句：

理疗师阿蒂略·斯沃蒂站在内马尔出生的医院门前，一切就是从这里开始的

"我们不要拿他和贝利比,贝利是贝利,加林查(Garrincha)是加林查,罗马里奥是罗马里奥,而内马尔是内马尔。他们都有各自所属的时代。而现在,正是内马尔的时代。"

罗萨尔多的公寓宽敞得足够容得下一家三口居住,这对于初来乍到的内马尔一家而言,不能不说是一个好的开始,他们原来生活的桑托斯港市距离这里只有几小时的车程。老内马尔可以实现他成为一名职业足球运动员的理想了,妻子也找到了一份教书的工作。那时,一家人的生活很美好。

"关于内马尔的父亲,有一幅画面深深地印在我的记忆里:那就是他身着红色工会俱乐部球衣从公寓里跑着出来、外面有辆车在等着接他去训练的时刻。"罗萨尔多回忆道。

住在这片公寓里的人们,了解外界的最好办法就是把头伸到窗户外面。也正是通过这样的方式,罗萨尔多常常能看到内马尔和他的父亲在楼与楼之间的空地上玩足球的身影。

"毫无疑问,内马尔的父亲曾送他一只足球当作第一份礼物,因为巴西的每个男人有了儿子以后都会这样做。"罗萨尔多一边说着,一边把目光投向窗外的热带雨林。

他深吸了一口气,接着说:

"在这儿,你早晨不需要闹钟,因为你可以听到农场上公鸡的啼叫。这里很靠近农村,我们看到的热带雨林是大家经常聚到一起聊天的地方。我觉得内马尔得益于他在生命最初的那些年里呼吸到了这里的清新空气。"罗萨尔多边说边笑。

尽管20世纪90年代的这些公寓是建给低收入人群的，但今天的人口形态已变得更加多元化。居住在这里的有各式各样的家庭，有医科学生，有律师，有教师，还有退休人员。随着公寓价格的不断上涨，这里现在已经成了一片漂亮的中档社区。

20世纪90年代初常来老内马尔家做客的一位球员是当时工会俱乐部的守门员阿尔泰·维多利阿诺。

"我记得队里所有的球员路过这里都会进来瞧瞧这个新生的宝宝。内马尔的父亲见到我们每个人都会说'总有一天这个家伙会比我强'，他真的是这样说的，回头我们就笑话他。"阿尔泰一边回忆一边说，继而补充道：

"任何对足球感兴趣的人都会希望自己的孩子能够成为职业足球运动员。在我看来，老内马尔的付出是有价值的。他成功是因为他想成功。他充分利用了手边的工具。现如今，足球就是一种可以把你带到任何地方的工具。"

小内马尔出生以后，老内马尔没有再去很多地方，不再参与很多社交活动，而是把注意力和重心放在了家庭上面。

"他不可能常常踏出公寓，他想要照顾妻子和儿子，我们经常挑逗他说：'怎么，你不得不待在家里当洗碗工了？'"

阿尔泰与其他一些球员，如杜达、拉萨路和老内马尔等，在地方上都颇有名气。在翻开报纸或打开电视时，他们总会毫不惊讶地看到自己的身影抢眼地出现在上面。

在结束职业球员生涯的时候，阿尔泰觉得生活也要就此结束了。

"当我不再踢球时，我开始变得抑郁。我把所有的剪贴簿、奖牌、奖杯都打包起来，让我父亲拿走。我看着它们就受不了，因为看着它们就会使我想起很多事情。今天我的荣耀已成为历史，我想只有我的朋友们才会继续称赞我的成就。"阿尔泰说着举了个例子：

"我记得有一场慈善性质的全明星赛，参与其中的有济科、罗纳尔多、莱尔·奥利维拉，还有作为新生代球员的内马尔。我和儿子一起观看了比赛，我对他说：'你没有看见过他们踢球，但他们都曾是非常棒的球员。'赛场上内马尔变着花样地展示他的技法，但在他之前，其他球员们也都曾有过这样的时刻。内马尔应该是很乐意与济科、莱尔和罗纳尔多他们一起踢球的，至少我是这么认为的。然而就在几天前，一位赞助商问我的儿子想不想要一张贝利踢倒勾球的海报，我儿子回答说：'不用了，谢谢，我不知道他是谁。'他们这一代人只会把目光投向内马尔……"

看内马尔踢球唤起了阿尔泰曾与老内马尔有过的那些经历，在内心的银幕上，他仿佛看到了两出电影在同时上演。

"看内马尔运球就觉得他非常了不起，和他的父亲一样。区别在于内马尔两侧都会运球，而他的父亲基本上只会往右边运。父亲也许体格更强壮，但内马尔更加灵活。"阿尔泰解释说。

在阿尔泰和老内马尔在摩基市当红的那个年代，踢足球并不是发家致富的好途径，不过如果整支球队踢得好，收获的奖金便能使生活得到一点改善。当球队进球或赢得比赛时，奖金会在100～150雷亚尔（巴西货币单位），也就是35～50欧元之间。2013年，老内马尔挣到了每月800雷亚尔的月俸外加奖金，相当于每月270欧元左右外加奖金。

那时，人们对待钱财总是非常小心。

"记得有一次我们对阵瓜拉尼足球俱乐部①的比赛，以0：1的比分输给了对方。在返回俱乐部的途中，俱乐部负责人说：'不管怎样你们都会拿到奖金的，不是因为你们输掉了比赛，而是因为你们已经表现得很好了。'接着，老内马尔略带戏谑地说：'哈，这话我可从来没听说过呀，表现好却输掉了比赛，这样也可以？'我来自我们自己的青年队，挣的是最低的工资，此外加上一点奖金。有时粉丝们也会给我们钱。记得踢完比赛后，在回到更衣室的途中，如果刚刚在场上表现很好，就会有粉丝喊我们，我们把衣服脱下来，他们就往衣服里扔硬币。老内马尔总是会马上把奖金锁到柜子里，然后开玩笑地说：'我的奖金就在这儿，你的手指最好别靠近，被鳄鱼咬到我可不负责！'"

老内马尔时期的工会俱乐部负责人莫阿西尔·特谢拉也坦言俱乐部并不富有，但这家俱乐部从不拖欠球员薪水。

"光靠这些工资是没法存钱买房子的。有家庭的球员带着家人住在出租公寓里，租金由俱乐部帮忙支付。单身球员们则住集体宿舍，所以生活相当简单。"他说。

阿尔泰说："那时候我签合同时，不得不要求对方把提供手套也纳入条款中。现在不用这样了，现在的球员已经拥有了更多的权利。现在，作为一名球员，你还可以从赞助商那里获得赞助费分红，我们当时是不能的。那时赞助商只会给你提供一套球服，可以拿到赞助费的只有俱乐部。

---

① 瓜拉尼足球俱乐部（Guarani Futebol Clube）是巴西圣保罗州坎皮纳斯的一家足球俱乐部，成立于1911年，现已加入巴西足球甲级联赛。——译注

如果你想要一双球鞋，那就得去问俱乐部，他们不同意的话你就得自己掏腰包。而今天的球员们应有尽有，我真希望自己生在这个年代呀。"

确切地说，1996年阿尔泰加入科林蒂安斯足球俱乐部（巴西著名足球俱乐部）的后备队时，他并不是很富裕。

"我那时一个月挣1500雷亚尔（约500欧元），能买得起一辆汽车。在我38岁退役之后，足球经济渐渐得到了发展。今天，一名18岁的球员就可能成为百万富翁了。这是多大的一个变化呀！"

老内马尔深得这片地区各家俱乐部的青睐，但工会俱乐部和莫阿西尔·特谢拉不愿意放他走。

"在对阵里约布兰科俱乐部的比赛中，他发挥得相当不错，进了两个球。这场比赛后他们就想买断他。我们管理层的人对他说：'不，你不能走，你是我们这里最棒的球员。'但是，他说：'我需要挣钱给我在桑托斯的妈妈买房子，她现在住的地方条件太差了。'于是我和董事会的其他9名成员给他凑齐了买房子的钱，所以现在我们均等地拥有同他签署的合同。"莫阿西尔·特谢拉说着说着便一本正经地道出了一些老内马尔很在意的事情。

"最后我们给了他钱，并放弃了从他身上谋利的想法，我们纯粹只是想帮助他。他是一个你不想失去的球员。"

重新签订合同后，老内马尔给母亲买了房子，并用剩下的钱给自己买了一辆小型大众车。他再也不用费尽九牛二虎之力来发动他那台老机子，也不用蹭队友的车了。

几个月后，在一个没有比赛的周末，他便驾车带着妻子和几个月大的小内马尔去桑托斯看望母亲了。

在回摩基市的路上，为了不撞上前面的卡车，老内马尔一个急转弯，整个车子都翻了出去。

内马尔的父母都被卡在了车的前部。当救援人员把他们弄出来时，这对夫妇几乎异口同声地喊道："宝宝还在车里！"

小内马尔被从车里救出来时，满脸都是血，大伙儿可吓坏了。老内马尔祈求上帝不要带走他的孩子，请求让自己替儿子去死。等人们把小内马尔脸上的血擦掉后，大家才发现他其实很幸运：一片碎玻璃掉下来在他脸上划了一小道深口，其他地方没有伤着。颇为神奇的是，尽管在车后部被颠来掷去，这个小身体竟没有一处骨折。

他父亲的情况则要糟糕得多。

他的腿——用来挣钱养家的关键部位——多处受了伤。

说到这里，我们又要提到理疗师阿蒂略了。

他用了一年半的时间才让老内马尔恢复健康，但当他再次跑上球场时，显然表现得颇不对劲。他的一个膝盖变得非常不得力。最终，这场事故毁掉了球员老内马尔的职业生涯。

"出事后的日子对内马尔的父亲而言是很艰难的，但他从不放弃希望。我从来没有在他脸上看到过悲伤——即便是在事故后或在康复期内。"阿蒂略动容地说道。

阿蒂略相信，即便老内马尔没有因为儿子的成名而重获声誉，他的人格依旧是完整无损的。

"认识他的人都知道，内马尔的父亲曾经是、现在也是一个很了不起的人。比如，他从来不会忘记问候我过得怎样，而且他总是很谦卑。"

据阿蒂略所说，也许整件事情有着更深刻的意义。

"我认为他能拥有内马尔这样的儿子是因为他值得拥有，因为他的为人，上帝送给了他一份礼物，这份礼物就是内马尔。"

童年的街角

在摩基市之后的那些年里，内马尔和家人一起四处过着"游牧般"的生活。父亲在马托格罗索州的工会俱乐部给自己的足球生涯画上了句号。随后，席尔瓦·桑托斯一家人举家搬到了圣保罗的海边，住进了位于圣维森特市的祖母家里。至此，32岁的老内马尔彻底结束了作为职业球员的生涯。

老内马尔曾说："当你不再踢球时，未来变得不一样了，这让人觉得很难过。"

他在桑托斯足球俱乐部训练场附近找到了一份技工的工作，偶尔也继续玩玩足球，挣点微不足道的小钱。内马尔的妹妹拉法埃拉（Rafaella）出生以后，祖母家便住不下了，于是他们又迁至大普拉亚（Praia Grande），并在那里生活了9年。

那些年，内马尔在大普拉亚的雅尔丁格洛里亚（Jardim Glória）社区度过了童年。这座城市里住着25万人口，犯罪、吸毒、谋杀的比率在巴西堪比圣保罗和里约热内卢这类大城市。

正是在这里，2004年罗比尼奥的母亲遭到绑架，6个星期后绑匪收到赎金后将她释放。这也是一个摄像头数量和英国首都伦敦一样多的城市。

卢卡斯、埃里克和阿莱德在大普拉亚的格雷米奥俱乐部

内马尔在这里上了两所学校，分别是何塞·乔洛·马丁斯·巴普斯蒂塔（José Júlio Martins Baptista）市级学校和奥斯瓦尔多·路易丝·桑切斯·特斯奇（Oswaldo Luiz Sanchez Toschi）州立学校。但可以毫不夸张地

说，对内马尔而言，只有足球才是最重要的。

内马尔有个堂妹，名叫拉萨·桑托斯（Rayssa Santos），现生活在翻新后的内马尔老宅里，那里的街道两旁满是巴西贫民区的人们自己盖建的简陋房子。她依然记得居住在大普拉亚时，堂兄如何视足球为自己的一切。

"他在大街上踢，在海边踢，在公园里踢，或者回到球场上踢。总之，他总是在踢球。"她说道。

有关内马尔在大普拉亚的生活，很多细节可以在大普拉亚一家名叫格雷米奥（Grêmio）的小足球俱乐部的球场上找到。内马尔从未公开谈起过这家俱乐部。

但俱乐部里的人经常会谈起他。

训练场上的西里亚诺·阿尔佛雷多·达·席尔瓦望着格雷米奥球场上凹凸不平的草坪，露出一副忧郁的表情。1973年他搬来这里时帮忙筹建了这家俱乐部，就在这个球场边线的位置，他曾目睹过成百上千名球员在场上拼搏的身影。他们有些人走上了职业球员的道路，有些人成了罪犯，进了监狱，有些人甚至已经死去。在大普拉亚残酷的环境中，内马尔那一代球员中不是每一个人都能战胜生活。内马尔的一位铁杆哥们就因在训练场上卖毒品而被抓进了监狱。

西里亚诺说："我觉得贝蒂尼奥发现了内马尔是件好事，因为不然的话他也可能会和很多其他人一样误入歧途。"他当然也觉得内马尔被桑托斯俱乐部看中有自己的一份功劳。

"因为他在这里的训练和比赛都是跟着曾是职业球员的比罗（Biro）

进行的，所以比其他人更加小有名气，有关他的消息也才因此传到了桑托斯那里。"

罗伯托·安东尼奥·多斯桑托斯，又名贝蒂尼奥，是内马尔名副其实的"伯乐"。贝蒂尼奥去过格雷米奥俱乐部几次，但在谈论俱乐部时他们很少谈及内马尔。显然，西里亚诺比较忌讳这个话题。

"我们很遗憾内马尔从来都闭口不谈他在格雷米奥的日子。也许是因为他的经纪人认为我们想要从中获利。"他有些无奈地说道。

西里亚诺在大普拉亚的格雷米奥俱乐部

西里亚诺所希望获得的"回报"不过是内马尔能偶尔顺道回来看看这

里的孩子们，为俱乐部捐赠一点设备。此外，他还希望内马尔能坦然承认自己出身于这样一个贫穷的社区。

"事实是大家凑钱为内马尔的父亲盖了房子，虽然条件并不是很好。就像我们当时说的：'外面雨还没下，屋内就已潮气弥漫。'而且墙上有洞，里面的人往外看可以看到大街上的人，外面的人朝里看可以直接看到他们的客厅。几个朋友用了4个周末的时间，才帮忙建成了这所房子。"西里亚诺回忆道。

帮助内马尔解决足球运动员基本物资需求（如足球鞋）的也是格雷米奥俱乐部。

"两名前任队员回来报答过我们的工作。其中一位叫路易斯，他先后在日本和韩国踢过比赛。他曾回到我们这里，送给了我们40双足球鞋和10只足球。我们把其中一双给了内马尔，虽然他穿着有点大。另一位是威灵顿，他是桑托斯的一名激进分子，现在已是大普拉亚的一名政客。他送给我们一套长袖的桑托斯足球衫，内马尔穿着它在马拉卡纳运动场参加了与弗拉门戈俱乐部的比赛。桑托斯最终以3：0赢得了比赛。后来我把这套衣服用作了抽奖活动中的奖品。"西里亚诺自豪地回忆着。

内马尔在格雷米奥踢球时，大多数时候只是玩玩而已，因为每个月要上缴的15雷亚尔（约5欧元）会员费是他无法承担的。

在俱乐部踢球也是为了能在公园足球、街头足球、校内五人制足球之外进行一点新的尝试。对内马尔而言，不论什么形式，所有的足球运动都和乐趣分不开。在格雷米奥也是一样，在那凹凸不平的球场上和其他平民孩子们一起踢球让他觉得快乐。和他们一起训练时，他能以一种积极的姿态脱颖而出，西里亚诺这样说：

"和很多其他球员不一样，他很听话。你让他做10个俯卧撑，他就会至少做10个；你让他绕球场跑10圈他就会不折不扣地绕跑10圈，从来不抄近道。他总是跑在别人前面，总会很努力地去做到最好。就他这么小的年龄而言，根据他当时的那个水平，我就很确信他将在足球方面大有作为。周日早晨，在国家队开赛前，他的比赛就已吸引了很多观众前来观看。他们会说：'好家伙，这小子踢得不错。'即便是对手的父母，也会对他表示高度赞扬：'那个皮包骨头的家伙表现得真不错！'"

内马尔儿时的两位伙伴：乔纳森和卡约

西里亚诺的妻子阿莱德也在俱乐部帮忙，她清晰地记得那时内马尔的样子。

"我记得他的短发和瘦削的身形。看到他今天的成就真是觉得了不起。这确实很打动我们，我们在电视上看到他时都会兴奋地大声欢呼。"阿莱德一边说着，一边激动地笑了起来。

内马尔的成功事迹让其他一些孩子也来到了俱乐部，俱乐部有时也免费向他们提供食物。

"很多孩子加入俱乐部是因为受到了内马尔的启发。在这片地区人们过着贫贱的生活，为了不让孩子跑到街上当混混，沾染毒品，我们尽力让他们来俱乐部帮忙，做点安排比赛之类的事情。"阿莱德说。

在没有真正接触足球之前，内马尔是一个安静且有些腼腆的男孩。因为足球，他开始学会了一门比他大的孩子都难以理解的语言。

和内马尔一起比赛过的卢卡斯说："他的那些戏法、踩单车，以及他如何甩开块头比他大、年龄比他长的对手等，我都记忆犹新。"

"我们大家都好想再次见到他。"曾和少年内马尔同在一个训练场上的另一位老朋友埃里克沉思着说。

在大普拉亚，也有一些其他与内马尔年龄相仿的球员展现出了自己的潜力，其中特别突出的有乔纳森、卡约和威廉。

"从某种程度上说，威廉比内马尔更加优秀。但内马尔有他的优势，即他有一位对职业足球领域非常了解并认识贝蒂尼奥的父亲。贝蒂尼奥的眼里只有内马尔。"乔纳森说。

这几个男孩常来内马尔家里玩。他们一起玩弹珠或视频游戏，还会在

内马尔的堂妹拉萨在内马尔位于大普拉亚的童年故居

内马尔父亲建的沙场上玩耍。

　　如果只有3个人在场的话，他们就玩"邻哈"（linha）：一个人守门，另外两个人分别有3次进球机会。如果一次都没进，就要被换去当守门员。他们也常到街头去玩，尽管父亲不太允许内马尔去——主要是因为担心路上的那些坑洞会让孩子们不小心伤着自己。

　　"内马尔赢得过很多奖杯和奖牌，他都一一收藏着。有时他会组织一场球赛，给我们大家提供衣服和护胸，并把他自己收藏时间最久的奖杯或奖牌用作比赛的奖品。我们不断地踢球，每天都踢。"乔纳森说。

这些男孩还一同在何塞·乔洛·马丁斯·巴普斯蒂塔市级学校上学。

"内马尔的学习成绩很不错，他挺努力的，"卡约一边说一边不禁大笑，"不过那可能是因为他妈妈当时在学校食堂上班，可以一直看着他。"

乔纳森补充道："内马尔的精力都集中在踢球上，我们成了这个区的校足球冠军。"

如今，这些来自大普拉亚的男孩们都已不再踢球了，而是成了观众。正如内马尔的老朋友卢卡斯所说：

"当我在电视上看到内马尔时，我就会想：哇，想想曾经我还和他一起玩过呢！"

***

现如今，内马尔拥有了一个叫内马尔学院（Instituto Neymar Jr）的机构，机构内有5名工作人员专门负责维护他的社会形象。这个机构所涉及的一项工程便是在大普拉亚建造一座占地8400平方米的体育场，所服务的对象全部是一些穷苦家庭出身的孩子和市内青年人。负责这项工程的是内马尔的叔叔何塞·本尼西奥。

"这是一个私人非营利项目，我们的目标是为大普拉亚做贡献。我们希望将贫困家庭纳入进来，希望能培养出更多新的足球人才。"他说道。

在内马尔的心里，帮助镇上的其他孩子争取获得更多的成才机会是很重要的。

"我喜欢这个项目，我生命的很大一部分时间都是在这里度过的，为它做点事情是值得的，希望能借这个项目表达我的感恩之情。"

漂浮在沙滩上的男孩

夜幕降临，暮色笼罩着海滨小镇圣维森特。

今夜，这片原本被遗弃在黑暗中的街道，在残月的光辉下零零星星地亮起了几盏路灯，给人平添了几分安全感。

其中的一条街上，一堵高墙背后传来了一阵阵幸福的哼唱声：一群人正在传递上帝的福音。

这场《圣经》阅读会的主持人正是贝蒂尼奥。

在那高墙背后的房子里，他在起居室的瓷砖地板上用一个别人看不见的球空脚向大家演示着踩单车。他有点上气不接下气地坐倒在一把扶手皮椅上，洋溢着一脸的微笑。

此人可以说是巴西足球界的传奇，谈到罗比尼奥和内马尔，他可谓功不可没。而在讲内马尔的故事前，我们不妨先讲一讲罗比尼奥的故事。

"教会罗比尼奥如何踩单车的人还是我呢。"贝蒂尼奥说完开怀大笑。

孩提时代的贝蒂尼奥梦想着自己能为巴西国家队效力，他深深敬仰加林查和贝利等伟大球员。

"我的国家队之梦没有实现，但上帝有意让我遇到罗比尼奥和内马尔，我的梦想通过他们实现了。"

贝蒂尼奥有着虔诚的信仰，他认为这一切都是上帝的安排。1983年，他皈依了福音教派。该教派如今正在和巴西传统的天主教派激烈竞争，以俘获巴西人们的心灵。

贝蒂尼奥同几名牧师一起组建了一支球队，用他本人的话说就是，成立了一支由本地教堂之首牛顿·洛巴托牧师参与的杀伤力极强的突击部队。这样一个宗教和足球的直接组合事实上无异于一种创新。

"在那个时候，教会里的一些成员仍觉得踢足球是不会有出息的。"贝蒂尼奥笑着说。又一次，他的讲述不断被自己那沙哑且富有磁性的笑声打断，尽管如此，这个男人身上所潜含的严肃仍是显而易见的。

贝蒂尼奥完全是一个肩负使命感的男人。

在20世纪70年代曾同他一起上过球场的运动员中，很多人后来都沾染上了毒品，其中甚至有几个断送了性命。贝蒂尼奥觉得自己不得不对此有所作为。用他自己的话说，他梦想着能够成就一些完全远离毒品的足球运动员。

1990年，他开始在贝拉马尔（一家葡萄牙足球俱乐部）当教练，罗比尼奥正是这里的一名小男孩，他还有一个鲜为人知的名字——罗布森·德·索萨。罗比尼奥出生在圣维森特，成长于这座城市中最贫穷的社区。在桑托斯、皇家马德里、曼城、AC米兰和巴西国家队中建立了自己的事业生涯后，他成了同龄人中如雷贯耳的大牌明星。但是，如果没有一个叫作贝蒂尼奥的人，又怎会有这样一个光鲜的罗比尼奥呢？

贝蒂尼奥手持内马尔送给他的签名T恤

贝蒂尼奥很快就发现了这个"小旋风"的潜力，在后来几年里他几乎倾尽全力来确保罗比尼奥的潜能与日俱增。

"我努力让他变得更棒。他的运球路线让对手不可预测，而且我也教给他那种灵活带球的风格，这种风格如今已成为他的特色。"贝蒂尼奥讲解着。

罗比尼奥需要的不仅是提高球技，还有在生活的各个方面得到帮助。而他的父母则无能为力。

"我当他教练的那些年里，都是我先去他家接他，然后我们一起乘半个小时的公交车到达训练场。他只有一双鞋子，雨天训练时他的鞋子就会湿透。不仅容易受冻，有时他还会在足球场上跌跤，所以有很多次我都是一手举着雨伞一手抱着他。他没钱吃饭时我帮他付饭钱，我想尽最大的力量帮助他。"

显然，贝蒂尼奥很愿意谈论有关罗比尼奥的事。

"我现在所说的这一件件往事都是我从来不曾忘记过的。今天，罗比尼奥就像是我的一个孩子。"贝蒂尼奥说。

在贝拉马尔的第一个赛季，贝蒂尼奥就和罗比尼奥一起将冠军奖杯捧回了家。1992年，他们转向桑托斯俱乐部后仍保持着这样的合作关系。此后两年里，这个团队几乎逢赛必胜。

"我可以帮到他，他也能成就我，我们彼此互助互利。"

随后的年月里，贝蒂尼奥培养出了一代黄金球员，其中有许多人最终成了大牌职业球星。

"布鲁诺·莫拉伊斯去了波尔图足球俱乐部，菲利佩去了博塔弗戈足球俱乐部，贝塔奥加入了日本足球联赛，费灵霍（Ferrinho）在为桑托斯而战。多么了不起的一代人！"

让贝蒂尼奥感到宽慰的是，他曾在自己那一代人身上目睹过无数次的毒品问题并未发生在这些球员身上。

"很多1983年出生的球员后来都成了瘾君子，而1984年出生的这些球员却能洁身自好，我的梦想终于实现了。"贝蒂尼奥说。

1996年桑托斯聘请贝蒂尼奥为室内五人制足球教练。罗比尼奥也追随他加入了桑托斯俱乐部。

加入桑托斯这样的重磅级俱乐部让罗比尼奥受到了更多的关注。

罗比尼奥不仅如媒体所言，看起来像一个小贝利，还很像一只潜力股。

在一群投资者的支持下，前巴西球员阿卢希欧·格雷罗同罗比尼奥的父亲签订了合同。贝蒂尼奥也因此而无法收获自己的劳动成果。

他坦言道："我对与球员签约这类事一无所知。"

他辞去了在桑托斯的工作，因为他的自尊心受到了伤害。尽管人们私底下对他作为善于发现人才的"伯乐"的能力赞誉有加，但都无济于事。

有人说："这家伙……他再也找不到第二个罗比尼奥了。"

但事实上却不然。他不仅找到了，甚至可以说，他找到了一个更好的。

1998年，贝蒂尼奥的朋友雷吉纳尔多（也是前桑托斯球员），邀请他到圣维森特的一家小俱乐部Regatas Tumiarú参与组建一支新的室内五人制足球队。这份邀请对贝蒂尼奥来说意味着一个新的开始，也为内马尔的故事开了一个好头。

贝蒂尼奥在圣维森特的伊塔拉雷海滩上观看了一场比赛，双方分别为Regatas Tumiarú和Regatas Santista俱乐部，其中后一队中有内马尔的父亲。在球场旁边，他瞅见了一位正在沙中奔跑的纤细瘦小的男孩，发现这个孩子的运动技艺相对于他的年龄来说非同寻常。

"他就像是漂浮在沙滩上一样。"贝蒂尼奥这样描述当时年仅6岁的内马尔。

"得知这个男孩是谁以后，我向他的父母建议让他来Regatas Tumiarú和我们一起踢球。他们答应了。第一次在训练场上见到他时，我就预感他将成为一名明星球员。于是几天后（那还是在罗比尼奥当着全世界观众的面踩单车的4年前），我对内马尔的父亲说：'您的儿子让我想到一位几年之后将会如雷贯耳的球员，我不能保证您的儿子会超越他，但至少会和他一样优秀。'"

1999年，贝蒂尼奥和内马尔转而加入了葡萄牙协会（Associação Portuguesa）。贝蒂尼奥汲取历史教训，决定这次不再让自己养大的"黄金鸟"飞到他人怀中。与内马尔的父亲联手无疑是一个明智的选择，因为不论是从内心还是从利益出发，老内马尔显然都希望看着自己的儿子成长为一名足球运动员。

"别忘了他当时是不得已放弃了自己的职业生涯，接受一份平凡且穷困的生活。作为曾经的职业球员，他自己已痛失一切。他处在社会底层，但他很明智地支持我继续同内马尔合作。"

历史再次重演。贝蒂尼奥像是重制老电影一样，保留下老版本中的精华、补救其中小小的瑕疵，推出了一个崭新的更棒的球星版本。内马尔可以说是罗比尼奥这个角色的完美人选，贝蒂尼奥这位年长的资深导师更是对他未来职业生涯的一种成全。

"那些我曾为罗比尼奥做的，我也都为内马尔做了。"他说道。

和罗比尼奥的父母一样，内马尔的父母没有足够的经济实力，也没有时间来帮助自己的孩子施展对足球的热情。贝蒂尼奥则会尽他有限的力量去帮助内马尔。

"训练期间，我开着我的那辆旧车去接他。因为接他时内马尔的妈妈常常在外面工作，他们给了我一把那所在大普拉亚的房子的钥匙。当我到他家的时候，他往往正在呼呼大睡，我不得不对着他的耳朵大喊，以便把他叫醒。他醒来后还要先吃点东西，他吃东西很慢，有时似乎要吃上一个世纪才能吃完，我会经常指着手表催他，因为我们不仅有好长一段路要开，而且训练的开场不能迟到。"贝蒂尼奥一边回忆，一边娓娓道来。

对于贝蒂尼奥和内马尔而言，从A地到达B地并非总是一件容易的事。

"我们经常不是汽油不够用了，就是雨刷出了点问题，诸如此类听起来似乎再琐屑和正常不过了，但实际上却关系重大，因为驾车带着别人的孩子是要承担责任的。想象一下若是发生事故死了人，那可如何是好。"

在葡萄牙协会刚满一个赛季的时间，贝蒂尼奥和内马尔就被邀请到了Gremetal俱乐部。1999年至2002年间，内马尔在Gremetal赢得了所有他值得拥有的。内马尔和贝蒂尼奥最大的胜利是Gremetal在桑托斯维拉·贝尔米洛球场的室内五人制足球竞技场上，以7：0的比分击败了桑托斯队。可以说，五人制足球对成就这位球星起到了重要作用。

"每接到一个球时，内马尔心里就明明要向对手左方还是右方运球，他还知道对手的腿是张开的还是并拢的。他总是有着强烈的突破对手意识，这得益于他在五人制的小场地上所接受的历练。可以说这也是他所具备的重要优势。"

据称，五人制足球是巴西最流行的一种运动，比古老的英式足球还流行。这一点并不难理解，只要来这个国家旅行一番，你便能明白。

"五人制足球已经是我和我今天生活中的一部分，因为从五人制足球中学到的很多东西我都能在足球场上派上用场。五人制足球教你怎么防守，如何移动身体——动作速度逐渐加快。你必须脑子转得够快，五人制足球恰好训练了我的反应能力。当我在一个小范围内运球时，我能够本能地快速做出决定，然后将球运出去。"在卡纳尔·普卢斯（Canal Plus）电台的纪录片《内马尔——一颗正在升起的新星》（*Neymar——Nueva Estrella*）中，内马尔如是说道。

五人制足球是由五个球员组成的球队在篮球场一般大小的小场地上进行的，使用的是较小的球门和几乎没有弹性的硬球，它像冰上曲棍球或弹球机里的小球一样移动得很快，从而使比赛能快速进行下去。

正如维森特·菲格雷多（Vicente Figueiredo）在他的《五人制足球运动史》一书中所写的："五人制足球是带给巴西人们乐趣最多的一项运动。"

许多年来，五人制足球中最棒的球星也来自圣保罗，他就是为巴西赢得过多次世界冠军，并曾因4次当选最佳球员而收获众多个人荣誉的法尔考（Falcão）。

法尔考是圣保罗成千上万年轻球员心中的偶像，其中也包括罗比尼奥和内马尔。慈善比赛中内马尔常邀请法尔考加入他团队。视频网站（YouTube）上也有一段罗比尼奥拜访他多年偶像法尔考的视频。

"耍个花招给我看看。"法尔考说，罗比尼奥一听几乎要难为情了："你让我在你面前耍花招？！"在罗比尼奥心中，显然他更在乎的是见到法尔考这件事，而不是和他切磋球技。

当2011年3月室内五人制足球联赛在桑托斯主场开球时，内马尔和队友伊拉诺（Elano）在看台上，观看法尔考精彩地进了好几个球。电视摄像机恰巧拍下了内马尔那一脸羡慕得近乎惊呆了的神态。

法尔考像是来自外星球一样与众不同，我本人也是他的一位粉丝。

童年时期内马尔的"地盘"就是五人制球场的混凝土或木制地面，但不久后他的脚下就变成了长着天然草皮的足球场。

2003年，内马尔和贝蒂尼奥加入了桑提斯塔葡萄牙人队的户外部，由雷吉纳尔多·菲诺担任负责人。这是内马尔首次以正规俱乐部足球运动员的身份在真正的球场上施展自己的天赋。就这样，他很快给人留下了深刻的印象。

"在一次训练中，内马尔进球前把球运过了7名对手。进攻的是高手，防守的也是高手，当时场上的几位球员都是技艺高超之流。那次进球比后来他被评为'全球最佳'的进球还要精彩。我不得不举双手赞扬他。看到他的动作我感到非常诧异。后来这7名球员每人被罚了200个仰卧起坐。"贝蒂尼奥说。

"那段时间的某天晚上，我做了一个梦，内容大概是如果内马尔的父亲没有选择让内马尔和我一起，那么他的儿子将不会取得成功。"

如今，梦已成真。内马尔的突破性成长是在初级版的圣保罗州足球甲级联赛中取得的，这是伯乐们发掘人才的地方，是许多未来之星的孵化地。

"我们的成绩相当好，击败了圣保罗及其他重量级球队。来自桑托斯协会、曾经和贝利一道两次赢得世界杯的济托发现了内马尔，他同菲诺及内马尔签订了合约，于是我、菲诺和我们这支队伍的成员都跳去了桑托斯。"贝蒂尼奥回忆道。

后来，贝蒂尼奥带着内马尔卷土重来，回到了自己之前所在的俱乐部。从前的批评者们开始沉默了。

"这让我有机会以不同于与罗比尼奥合作的方式继续与内马尔合作，我发现内马尔已经比罗比尼奥赢得了更多的荣誉，并且是在一个更小的年纪。"

***

12岁的时候，内马尔在桑托斯的青年队中就已表现得如此出色，以至于欧洲的一些俱乐部都开始关注他的才能。在西班牙，抓住机会把内马尔带到伊比利亚半岛，在全球顶级足球俱乐部中施展才华的，正是皇家马德里。

2005年1月，内马尔用了20天时间就在皇家马德里结束了试训期，比赛中他给俱乐部的负责人埃米利奥·布特拉格诺留下了极好的印象。他也在该俱乐部协会中同其他比他年长的球员一起训练，同样博得了大家的好感。

"我们应邀来参观这家俱乐部的设施，还有一辆车可以代步。他认识了那里所有的球员，也参与了训练。所有的门都向他打开了。"老内马尔对巴西电台说。

在俱乐部负责人弗洛伦蒂诺·佩雷斯第一届任期的最后一年里，内马尔要了球队中一些球员的亲笔签名，并同他们进行了合影留念。管理俱乐部协会的拉蒙·马丁内斯提出愿意与内马尔签约，但内马尔和他的家人最终还是选择了回到巴西。

桑托斯俱乐部附近的海滩经常被当作足球场

　　内马尔在纪录片《内马尔——一颗正在升起的新星》中谈道："我在马德里度过了一些美妙的时刻，基本上一切都很完美。不过，只是基本上。因为我当时年纪还小，最后还是忍不住想念巴西的家人、朋友和氛围。到达马德里最初的那些日子里我很开心，一切都是新的，俱乐部很壮观。但过了不久，我就感觉到这不是我想要的。一开始倍受鼓舞，最后却心生伤悲，所以我决定回来。"

　　因为内马尔的这个决定而感到高兴的还有桑托斯，据多家巴西媒体称，桑托斯的主席马赛罗·特谢拉乐得给内马尔和他的家人开了一张40万欧元的支票，并允诺每月支付3000欧元的薪酬。对于如此年幼的球员来说，这样的薪酬是闻所未闻的。席尔瓦·桑托斯欣然接受了这份待遇。

内马尔一家一夜之间变成了有钱人，接着便举家从大普拉亚迁到了桑托斯离市体育馆维拉·贝尔米洛球场距离较近的一处地方。

内马尔在《内马尔——一颗正在升起的新星》中提到，在这样早的人生时期，来自环境的压力、高薪以及"未来之星"的标签，对他的影响都不是特别大。

他说："人家称我是明星，这并没有让我觉得不安，我也没有总想着这件事。我过着我的生活，享受着我的生活，并没有太多地为自己有责任成为一名优秀足球运动员或是桑托斯在我身上的投资感到惴惴不安。我开心地生活，开心地度过我的童年，开心地和朋友在一起。我有很多朋友。"

然而，贝蒂尼奥却记得内马尔年幼成名所带来的不愉快的一面。

"不要以为内马尔的一切都来得很容易。从很小的时候开始，他就受到挑衅、遭人嫉妒、招对手仇恨、被人怒骂。"贝蒂尼奥继续说道：

"但即便如此，他还是把胜利和成功带给了那些信任他的人。他总是很努力地去实现自己的目标，他确实已经实现了它们。今天他已成为一名比大多数人优秀的球员。他奔跑着、思考着、理解着……他训练了左腿，射门时左腿同右腿一样运用自如。近射、远射、近传、远传、控球、头球，他无所不会。他的意志力、他嘴角的笑容，还有他生活的乐趣，都是他所拥有的财富。"贝蒂尼奥说这些时，显得激动不已。

"内马尔是我的骄傲，他求仁得仁。"

内马尔将会取得比罗比尼奥更了不起的成就，贝蒂尼奥对此深信不疑。

"聪明的人犯错，而智慧的人能看出聪明人所犯的错误，从而避免自己也犯同样的错误。我总是说，罗比尼奥是一位聪明的球员，而内马尔则是一位智慧的球员。"

把内马尔介绍给巴西最成功、最著名的足球经纪人瓦格纳·里贝伊罗（Wagner Ribeiro）的也正是贝蒂尼奥。他总是能在转会窗将要结束前几个小时内的大买卖中挣到一笔可观的费用。里贝伊罗从阿卢希欧·格雷罗接手罗比尼奥，在2008年罗比尼奥转到曼城队时，他从这家英国俱乐部赚取了420万英镑的佣金。2012年，当卢卡斯从圣保罗队转到巴黎圣日耳曼队时，他所获得的酬金也差不多达到了这个数目。在内马尔从桑托斯转到巴塞罗那队时，里贝伊罗则赚取了约300万欧元。

2008年，当罗比尼奥宣布"此轮合作终止"时，两人之间的合作关系被画上了句号。那时，罗比尼奥已不再是巴西足球的新希望。

贝蒂尼奥对由瓦格纳·里贝伊罗这样的人来做内马尔的经纪人并没有异议。相反地，他倒是很赞成。

"罗比尼奥的家人遇到麻烦时，瓦格纳·里贝伊罗会帮助他们解决。当罗比尼奥的父亲付不起房租，并欠下1500雷亚尔（约500欧元）的债务，就要被房东驱逐出门的时候，瓦格纳·里贝伊罗出现了。他不仅帮他们还清了债务，还帮他们提前支付了一年的房租。还有很多其他类似的例子。很多人把瓦格纳·里贝伊罗想得很坏，我却不这么认为。我在他身上看到了成功和财富，所以我觉得是时候把内马尔交给他了。在罗比尼奥的合约谈判中，他的父亲并没有参加，内马尔的情况则完全不一样——老内马尔参与了全部的谈判环节。"贝蒂尼奥说。

即便到了今天，贝蒂尼奥每天还在为他以前的学员们担心。他们也会常来拜访他。那些生日派对或是穿着巴西球衣相互打趣的画面晒出了他们私底下一起度过的时光和共有的美好记忆。不管是罗比尼奥还是内马尔，他们都很感激贝蒂尼奥在自己足球生涯中的巨大影响。

"当我在2008年辞去桑托斯的教练工作时，内马尔开始在经济上支持我，确保我的生活需求能够得到满足。罗比尼奥也曾帮助过我，我非常感激他们两人。"如今作为桑托斯俱乐部球探的贝蒂尼奥如是说道。

"我几乎到过巴西所有的地方，从一些足球学校挑选球员，然后把他们带到桑托斯的训练营。如今我已到了该退休的年纪，但我还不想退下来，我还能再干几年，因为我用到的只是我的大脑和眼睛。"

贝蒂尼奥为自己在罗比尼奥和内马尔身上的成功例子深感骄傲，这是可以理解的。如今他的故事已经传遍桑托斯的每一家小俱乐部，以及周遭那些想成为第二个内马尔或第二个贝蒂尼奥的人们耳里。

"我现在成了巴西很多青少年教练效仿的范例。他们以我为榜样，我让他们看到了在贫穷孩子身上投资可能获得的丰厚回报。今天还会有人把孩子带到我面前，请我帮忙引他们入门，为他们提供我们小时候不曾拥有的机会和资源。"贝蒂尼奥说。显然，想傍上内马尔父亲的人甚至还要更多。

向内马尔父亲请求帮助的人现已多达5000万人，但他无法断定谁将成为明日的球星。他是内马尔的父亲，但毕竟不是贝蒂尼奥。贝蒂尼奥才是少年天才的发掘者和开发者。

"这是别人无法从我这里夺走的，因为那些是我的技艺。6年时间里我都是内马尔的教练。如果我给罗比尼奥当过教练后就停下了脚步，那么我便不可能有机会成为内马尔的教练了。如果成为内马尔的教练后我又不干了，那么我将找不到我的第三颗新星。罗比尼奥和内马尔生来就是要带给一代人快乐的，而我的梦想是把快乐带给我的国家。"贝蒂尼奥说。

赞美贝蒂尼奥的可不只有他自己。他对圣维森特所做出的贡献受到了人们的高度肯定和赞誉。他觉得同样非常重要的是，要能让子孙后代看到他因为自己的努力而取得的荣誉——为创造两位超级明星而付出的努力。

"罗比尼奥让我倍受鼓舞，这毋庸置疑，但我知识和力量的高度……在于内马尔。"

足球运动与神

埃利斯公园球场，约翰内斯堡，2009年联合会杯。

巴西国家队的球员们正促膝环抱在球场中圈内，感谢上帝让他们在决赛中以3∶2的比分击败了美国队。其中有5位球员的白色球衣上都印着"我属于耶稣"和"上帝爱你"。

卡卡的足球鞋上也印有"上帝至上"的字样。在队长卢西奥举着奖杯的照片里，全世界人们看到的不只有奖杯，还有他球衣上的"我爱耶稣"字样。独立派福音教会成员也可以参与啦啦队，他们得以通过一场重要的体育比赛把自身所携带的信息传播给了成千上万的人。

球衣和祈祷点燃了关于体育项目中宗教信仰的争论，争论的最终结论是：未来的巴西要把上帝和耶稣留在更衣室里。但同时，球员们身上显而易见的宗教信仰恰恰体现了福音教会在巴西，尤其是在巴西足球界的影响正在逐渐强大的事实。

巴西还是世界上最大的天主教国家，约有64%的人口正在践行天主教的教义，但它也正在成为世界上独立派福音教会拥护者人数最多的国家之一。有10%~20%的人口，即至少有2000万人会经常去福音教堂。而在50年以前，巴西约93%的人口信奉的都是天主教。

贫穷的人们，尤其是巴西东北部的人们，在迁徙到大城市时往往毫无根基。他们在新环境中没有家人，没有朋友，也找不到支持他们的人。福音教会成功地填补了这一空缺，在这些大城市内的小村落、贫民窟或是其他社区里，随处都有他们自己的福音教会。福音教会的特点就是比天主教会更加深入人心。那些了解它的人说，它能触及人的内心，并说"寻求改变、进步和财富完全是合理的"——这就是所谓的成功神学（Prosperity Theology），它允许践行者们与上帝形成一种伙伴关系。

如果说巴西的天主教派在像一艘游轮那样笨拙地前行着，那么福音教派就可以被比作高速游艇。与天主教派相比，福音教派正在发生着更多的奇迹。天主教中类似于按手礼①这样的现象都已不太常见，福音教会与教徒之间保持联系的传统在天主教中也是不存在的。

因此，福音教会如雨后春笋般一夜崛起。它不需要经过罗马教廷的允许，牧师们也不必接受多少神学的培训。福音教会的牧师们可以结婚建立自己的家庭，而他们天主教的同仁却只能过着禁欲生活。来自福音教区的钱财会被用在诸如教堂电视频道之类的事务上，这些电视频道又常被用来

———————————

① 手是人体对外接触的器官，头部是人体最尊贵的部分。当一个人将手按在另一个人的头上时，就等于是将某一个职位或权柄封赐给被按手于其头上的人。——译注

充当牧师的"扬声器"。电视布道者们也被称作电视福音传道者。

在电视上，早晨或者深夜时分都能听到福音派牧师的讲道，还有妇女们讲述自从她们开始向上帝祈祷以后，她们的丈夫如何不再酗酒也不再勾搭其他女人的故事。

天主教会在发生流血冲突的时候，福音教堂恰好在热火朝天地向外开疆辟土。几年后，在圣保罗之外的瓜鲁柳斯（Guarulhos），自由福音教会将完成他们巨大的施工项目，西达德·曼迪尔（Cidade Mundial）将成为世界最大教堂建筑的名称，该教堂的面积有24万平方米，能容纳15万来访者。自由福音教会的追随者们能从一些生活的实例中感受到上帝的影响。批评家们可能会说，这一切的根本目的都是为了赚钱。很显然，论战阵营的双方都会坚持自己的理由。

批评人士可以搬出艾迪尔·马塞多的事例来。这名最富有的福音派传道者也是最具争议和最为臭名昭著的人物。身为巴西最大电视网络巴西纪录电视台台长的他，可以说是一个爱捣糨糊的人，神不知鬼不觉地逃脱了一大串指控，其中包括洗钱、伪造文件、挪用福音教会成员的资金等。人们认为他给教会抹了黑，而实际上他在很多福音教会成员中还颇受欢迎。有关卡卡在福音教会的故事，也并非没有任何可疑之处。卡卡曾是福音教会中"基督重生"教会的一名成员，该教会的建立者伊斯特瓦姆（Estevam）和索尼亚·赫尔南德斯（Sônia Hernandes）曾因洗钱和挪用公款而入狱服刑。"基督重生"教会引起的争议严重损害了卡卡的名声，以致他最后脱离了教会。

追随者们将内马尔视作福音教会的一个正面范例。他们理所当然地声称教会在他今天所取得的成就中起到了决定性的作用。

2003年，内马尔的导师贝蒂尼奥坐在家里思考着日常生活中的问题和挑战、自己在体育世界里的生活，以及自己为地方福音教会所做的工作。

当看到已收获了财富的球员沉迷于酒吧和妓院时，他觉得他们是在挥霍生命，并为此而感到痛心疾首。他认为这些人应该投身于基督徒的生活中。

内马尔的父亲是信仰天主教的，但他并不切身践行，而且这个家里的其他成员也没有特别的宗教信仰。

但是，未来他们即将拥有。

贝蒂尼奥和内马尔及其父母亲一起开始在毗努伊勒教堂（Igreja Peniel）中安排周一集会，并称之为"reunião dos esportistas"——意为"运动员们的聚会"。内马尔父亲的角色是教堂的大使，主要职责是印发传单，并招募运动员参与教堂集会。随着时间的推移，集会规模越来越大。内马尔从11岁起也开始在教堂服务。

纳丁、拉法埃拉和内马尔都在这所教堂里接受了洗礼，成了教堂的信徒。一位信徒每月要拿出收入的10%捐给教堂，不过这并不是强制性的。如今毗努伊勒已经成了一座壮大、富有的教堂，并且扩张到了非洲。10%的什一税①是福音教会对天主教会救济金问题的一次回应。

毗努伊勒教堂将聚集的主要资金用于社会活动、教堂维修、神职人员俸禄、传教事业、建立新教堂和成立教会电台等。

---

① 什一税是源于旧约时代由欧洲基督教会向居民征收的一种主要用于神职人员薪俸和教堂日常经费以及赈济的宗教捐税，这种捐税要求信徒按照教会当局的规定或法律的要求，捐纳本人收入的十分之一用于宗教事业。——译注

毗努伊勒教堂占据了内马尔童年及少年生活的很大一部分。众所周知的是，内马尔也成了教会最慷慨的捐资人。

"最开始内马尔捐给了教会一定数量的雷亚尔，后来这个数目不断增大，而后上帝便改写了他的生活。今天内马尔拥有的财富已是无法衡量的了。"贝蒂尼奥说。

上帝一直与巴西足球同在，但对于宗教获得如此巨大的影响力，尤其是在福音派的球员身上，却并不是每一个人都愿意看到的。前巴西队守门员埃莫森·莱奥（Emerson Leão）就是对宗教影响力最重要的批评者之一。2011年，他以足球经纪人的身份接受了巴西《南圣保罗新闻时报》（*Folha de S. Paulo*）的采访。

他讲述了自己当主教练时，曾执教过一支拥有20名球员的球队，其中有16名是福音教徒。而且，温和一点地说，他厌倦了听到那些人把免遭惩罚说成是"上帝的旨意"。

"我对俱乐部的老大说：'我们得改一改这样的态度'。可他的回答是：'但是莱奥，这样一来的话将会没有球员留下！'"

内马尔在桑托斯的第一任体育主管布洛芬·儒尼奥尔也曾经历过驾驭来自不同宗教背景的球员的困难。2010年，包括内马尔在内的福音派球员都拒绝参与将复活节彩蛋分给Lar Mensageiros da Luz①居民的活动，因为这所房子是建立在巫师信仰基础之上的。它为孩子和有障碍的成年人提供庇护，而复活节彩蛋意味着这些居民可以见到自己的偶像。

"我和我父亲谈过这件事，我觉得那是一种很糟糕的形式，我希望能

---

① 葡萄牙语，大意为"光明使者之家"。——译注

坦诚地说声道歉。"内马尔谈起这段让信仰超越了团队的小插曲时说道。

这段插曲激起了对巴西足球宗教性一面的讨论，即宗教是否发挥了过大的作用？

曾是2009年联合会杯巴西队副主管的吉尼奥，现也是福音教会的皈依者，他常常鼓励球员们向上帝祈祷。

当他在2013年作为弗拉门戈队的体育主管被介绍给大家时，他的宗教信仰因为他曾给球员们传教的那段历史而成为人们议论的主题。

"你还打算继续这样做吗？"记者问他。

"这样的事不会再发生了。我想说清楚这一点，宗教不会影响我在弗拉门戈队的工作。"

足球牧师

在毗努伊勒教堂担任牧师的牛顿·洛巴托于1982年，也即在他19岁时加入教会，并自1984年起开始成为牧师。

这位牧师没有高高在上的姿态，他和蔼可亲地向各种人表示欢迎。推门走进教堂角落的那间办公室，你会看到他通常是随意地穿着一条牛仔裤和一件松松垮垮的开领短袖，而且他完全是有意这么穿的。

"我同其他任何人一样，喝咖啡西尼奥①、聊天、玩足球。我也有自己的感情：会哭也会笑。也许不同之处在于我肩负着一项特殊的使命——对教会也对上帝。"洛巴托说完，把嘴唇探进塑料杯里啜了一口咖啡西尼奥——巴西人就喜欢这样喝咖啡。

他就坐在这儿，一间中等大小的办公室里，和任何其他单位的办公室

---

① 巴西人最爱喝的小杯浓黑咖啡。——译注

没什么两样。教堂也非传统意义上的教堂，而是和常规的办公大楼没有明显区别，只是空间范围要大得多，可以在礼拜日讲道时容纳下几百号人。教堂有自己的电台和反对酗酒的社会节目，另外还设有专门针对运动员（如足球运动员）、当地冲浪偶像等的专门栏目。所有这些栏目在财政上都依赖于教会成员的捐助。

洛巴托更多地谈起了他的外表。

"上帝赋予我能力和才华。这些不属于我个人，而是来自神的恩赐。当上帝需要我为他工作时，他给我提供建议，并赐给我荣誉。我觉得我和别人的区别不过如此。我懂得如何把侍奉上帝的时间和我过平常人生活的时间划分开来。"

在巴西，牧师动员足球运动员加入自己所在的教会并不罕见。

在内马尔接到欧洲一家俱乐部的邀请时，他的父亲敲开了牧师洛巴托办公室的卡门。他想知道，牧师和上帝对这些事是怎么看的呢？

"每次进行合约谈判时，内马尔的父亲都会来找我谈谈。应该让他去欧洲吗，还是他应该待在巴西？我也总帮他一起拿主意，同他讨论怎样才是对内马尔最好的。但最后为儒尼尼奥（内马尔的乳名）的前程做决定的还是他的父亲。"洛巴托讲述着他与内马尔一家之间的交往故事。

"老内马尔踢球的那段日子里，生活眷顾着这一家人，但那场事故让他们失去了一切。那所房子变成了一架空壳，他们陷入了艰难的处境，过着贫穷的生活，经常不得不向教会的其他成员寻求帮助。"

教会对内马尔不仅意味着信仰和上帝，还是他踢足球的另一个理由。

"在他父亲为教会球队效力时，内马尔总会来观看父亲的比赛。有一次足球滚到了站在边线位置的内马尔身边，他便接过球，意欲踢穿裆球让我出丑。这个骨瘦如柴却总是笑嘻嘻的小家伙还真挺'无耻'的。谢天谢地，还好他没有成功。"洛巴托说完大笑起来。

内马尔的神父牧师洛巴托在毗努伊勒教堂

在毗努伊勒教堂，运动员可以引起人们对教会活动的关注是公开的事实。比如，贝蒂尼奥就会利用自己在足球圈内的人脉关系来为教会招募新成员。

"足球是贝蒂尼奥可以用来宣讲福音的领地。球员们加入教会后，我们会使他们远离教会之外的不良分子。教会总在寻找机会收纳更多的成员，不论对方是否是球员。"洛巴托说。

内马尔与教会之间，哪个对哪个更加重要，这可能是一个信仰问题。

"内马尔想要成为足球运动员，这是他的梦想。他喜欢足球。他想要的只是不论在哪儿，不论多久，他都可以踢足球。而且毫无疑问地，他想要赢，这纯粹只是天性使然。"洛巴托加重语气继续说道：

"内马尔很早就意识到光有高超的技艺并不足以成为一名巨星。不仅要在身体上做好准备，心理上也要做好准备。这些是他在教堂里乐于同我谈论的话题。我们谈论《圣经》中的英雄：摩西、大卫及其他人，谈论他们的戒律和刚毅。"

洛巴托清楚地感觉到，教会（更别提上帝）在内马尔实现足球梦的过程中有一定的功劳。

"十六七岁时，他穿着凉鞋来教堂做礼拜，一脸倦容，腿还受了伤，有多处瘀青，且绑着绷带。今天我们能够看到他已获得上帝的帮助和保佑，因为他没有频繁地受伤。他被不断地踢倒，但一次次他都能立即站起来。这样的事情我们已经很多年没有在巴西看见了。"洛巴托说着说着，又记起了一件让他觉得是教会成就了内马尔足球生涯的往事：

"有一次教堂集会，当时内马尔还是一个孩子，我们让他站在那里，赠予他这则预言：你将成为全世界最伟大的足球运动员之一，将能进入全球最了不起的足球俱乐部。这你知道吗？"洛巴托问他，其实他内心已经有了答案：

"内马尔将超越这个预言，走向世界之巅。"

在幸运星下

有句谚语说：如果你将足球玩得够好，那么针孔你也能让它穿过。

12岁时，内马尔在足球上的天赋把他带到了桑托斯最好的私立学校之一——圣保罗里赛乌学校（Liceu São Paulo），这所学校每年都会给其1000名学生中考核成绩排在前50名的学生发放奖学金。

把内马尔和他的妹妹拉法埃拉引荐给校长埃尔梅内吉尔多·吉尔·皮涅罗的是足球名人雷吉纳尔多·菲诺。菲诺在该校担任五人制天才球队的教练，他从桑提斯塔葡萄牙人队那里了解到内马尔是一个不会让他失望的可塑之才。菲诺在向校长吉尔"推销"内马尔时说，他找到了一个能为学校带来冠军的男孩。吉尔提出的条件是，内马尔必须努力学习，并帮助学校的五人制球队赢回一座奖杯，而且是会在国家电视台播放的著名的特里布纳电视杯锦标赛的奖杯。

如果能在这项比赛中取胜，学校的知名度就会得到大大提升，而且这项比赛是该地区选拔足球人才的最重要平台。

吉尔同意了接受内马尔，在第一个赛季或者说第一学年，内马尔就开始展现出了他的潜力。

特里布纳电视杯锦标赛的揭幕战中，两边的看台都坐满了观众，内马尔绕球的步态俨然是贝蒂尼奥和罗比尼奥的重现。他简直是绕着紧盯他的那位防守球员跳舞，然后在10米开外的地方一脚把球踢进球网的顶部。特里布纳电视台的记者奥狄内伊·里贝伊罗是第一个以传统的巴西风格对内马尔的进球进行直播的人。

"内马尔，丫太棒了！（Gooooooooooooooool do Neymar！）"他叫喊着，就像是内马尔正在世界杯决赛中为巴西队打入了决定性的一球。

场内热烈的气氛和媒体的报道让这场锦标赛如同一场成人职业球赛的缩小版，让人感到紧张而严肃。内马尔在为队友提供帮助时更是出彩。比赛中他从来不忘观察队友的跑位情况。在这次锦标赛中，进球最多的是队友杜杜（Dudu）和艾里克，他们也是与内马尔抢夺媒体焦点的对手。

圣保罗里赛鸟学校以6：1的比分赢得了锦标赛的第一场，然后一直冲进决赛，决赛对手竟然又是揭幕赛中的对手。但是，这次内马尔及其队友却以2：4的比分输了比赛，这位新生也因此而受到了指责。校长因内马尔在决赛中没有尽力而把他的父亲召来办公室进行了一次严肃的谈话。

"我们之所以输掉这次比赛是因为内马尔不把它当一回事，他在比赛中耍着球胡闹，以致太容易就把球弄丢了。我告诫过他要慎重对待这些比赛，要认真对待自己和学校的名誉。"吉尔义正词严地说道，似乎一想起

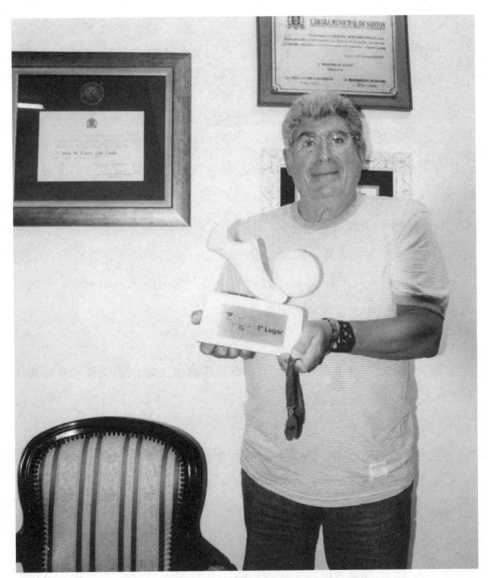

吉尔·皮涅罗手捧内马尔为学校赢回的奖杯

这件事就气不打一处来。

一顿批评还是管用的。第二年，由内马尔率领的球队注意力非常集中，最后以6：1的比分赢了对手科莱西奥·欧米茄队，为圣保罗里赛乌队捧回了冠军奖杯。

"内马尔是一个非常棒的球员。"赛后科莱西奥·欧米茄队的亚戈说。

在取得那场胜利之后的合影中，内马尔和杜杜及艾里克手挽着手。内马尔故意露出了他额前的吸汗带，上面写着福音教会一则最简单的信义——"耶稣百分百"。

照片里的3个男孩看上去开心极了。这一次抢了头条的是内马尔。报纸《A特里布纳》（*A Tribuna*）发表的一篇文章中附了一句预言："内马尔显然终将奠定他在足球界的偶像地位。"

文章是这样写内马尔的：

他在禁区线内踩着单车，越过对手吊球射门，掌控着局面，努力让队友不被缠住。

文章又继续写道：

夺冠后的庆祝会上，他被粉丝围绕得不能抽身，记者们拼命朝他按着快门，甚至还有同一所学校的几位女同学前来献吻。疯狂的人群中他差点把奖牌都弄丢了，所幸颇经一番搜寻后终于在地板上找到了。

内马尔被置身于名誉的聚光灯下，他很享受这样的状态。吉尔在他身上的投资以奖杯的形式得到了回报，那个奖杯至今仍被收藏在他的办公室里。他看到了一个成为内马尔经纪人的绝佳机会。

"那次冠军赛之后，我对内马尔的父亲说：'我想跟你的儿子签一份合约。'我知道内马尔身上有很大的潜能。但他的父亲想要等一等再说，他是个很倔的家伙。事情就是这样的，你拥有的越多，想得到的就越多。他开的是一辆破旧的汽车，作为一名技师，他顶多一个月挣3000雷亚尔（约1000欧元）。我帮他支付了内马尔和他妹妹在学校的一切费用，包括学习用品和校服等，但他却不同意我和他的儿子签约。"吉尔一脸严肃地说道。

"那个时候我已经同大约10名球员签订了合约，但自那以后我决定再也不做经纪人了。我情愿多为社会作些贡献，专心致志于我的主业——教书育人。我想用教育来丰富年轻人，不想再从足球上赚钱了。但我当时却非常激动，倍受鼓舞，因为这支球队除内马尔以外的其他人也都是了不起的人才，可以说整支球队就是一台进球机器。但后来我否定了自己的想法，因为这不是我所擅长的领域。我觉得足球圈带有太多黑社会的性质。"

吉尔的希望破灭了，内马尔的合约后来签给了瓦格纳·里贝伊罗——那个教练兼师父贝蒂尼奥将内马尔托付与之的男人。

现如今，吉尔仍在为学校的球队选拔各年龄段的球员，但他这样做并不是盲目的。想要拿到人皆垂涎的奖学金，你的出身并非不重要。

"我只想从公立学校中选择球员，因为我想为社会做点贡献。"他这样说着，并解释道：

"如果来这儿的男孩有比较好的经济背景，那么他就得自己支付上学的费用，即便他是个出色的球员。我的目的是要帮助那些需要奖学金的人。公立学校里家庭贫困的孩子是无法享受像我们学校这样好的学习环境和教学质量的。有些父母可能会说：'我觉得我的儿子在这里会不适应。'我就回答说：'那当然，但是请把他带来。我们这里有各种各样的学生，非洲人、日本人，他们无非都是学生，有着相同的价值。不论是医生的儿子还是工程师的儿子，抑或是教师的儿子，他们都会受到和其他所有人一样的对待——没有更好也没有更坏。'"吉尔说着还举了个例子：

"我有一名8岁的学生，他的足球也踢得很棒。他父亲是一名牙医，想让儿子获得奖学金。他告诉我他儿子的足球踢得很棒，事实也的确如此。但我对他说我不会把奖学金发给他的儿子。他显然非常生气，我向他解释说有很多其他孩子比他的儿子更加需要这份奖学金。'毕竟你自己还是支付得起的。'我说。"

内马尔的情况则完全不一样。从经济方面来说，他的背景跟特权一点儿边也沾不上。他上的是一所非常传统的学校，这里曾培养过"球王"贝利的前妻伊丽莎白、贝利的兄弟雅伊尔·阿兰特斯·德·纳西门托（Jair Arantes do Nascimento）、世界杯冠军队成员济托以及其他著名的巴西人。济托是桑托斯青年协会的领头人，之后不久开始同内马尔合作。

作为一名学生，内马尔需要受到纪律的约束，以不辜负授予他的奖学金——这毋庸置疑是一份礼物。作为一名球员，他更是需要双倍的自律才能不让那些相信他的人失望。他两者都做到了：不仅成了一名得高分的足球运动员，而且成了一名考试成绩虽不够拔尖但都能通过的学生。

"每天最后一节课上完以后，内马尔都会来到我的办公室，向我借球，赶在桑托斯下午1：30的训练前在五人制球场上进行练习。我对他说：'你刚上完课，何不先休息一下？'可他似乎从不需要休息。每天他都会去五人制球场上练习。"作为一名学生，"吉尔停顿了一下，"喜

圣保罗里赛乌校队在特里布纳电视杯比赛获胜后，
《A特里布纳》报纸对"未来之星"内马尔的新闻报道

欢足球的那些孩子往往不太爱学习。内马尔数学也不太好，但就像我常说的：'他可能数学是不好，但他想问题并不赖。'他最喜欢地理，对世界地图很感兴趣，但他的精力全部都被足球占去了。"吉尔接着说：

"就像对其他只想玩足球的同学说过的那样，我对内马尔说：'你还是要好好学习的。你想啊，假如你运气不好把腿摔断了，那该怎么办呢？到那时候你能做什么？能靠什么生活？去喝西北风吗？你必须好好学习才能防患于未然。'内马尔不是那种科科都能得高分的孩子，但他还是努力取得了还算过得去的成绩。你要知道，被安排了那么多的比赛和训练，他是没有多少时间把注意力持续放在书本上的。但他还是尽到了他作为一名学生的本分，同时这也是因为他的父母会督促他认真去做家庭作业。"吉尔说。

只要一有机会，内马尔的父亲就会把自己变成儿子的随从参谋，陪在他左右。

"内马尔的父亲总是担心他，不论走到哪儿，父亲都跟着他。我不知道他是在担心儿子跟别人学坏，还是在担心儿子被别人绑架。在学校里，内马尔当然是自己一个人，但只要他出校门踢球，父亲就会跟在他一旁。"

吉尔想到内马尔时不免有一丝感伤。这名学生在他印象中比其他孩子都要优秀。无论是五人制球场上的失败或胜利，还是课堂表现，或是路过校长办公室打招呼，或是在学校舞台上唱歌跳舞的时候，他都是如此优秀。

"内马尔很乐于展现自己。"吉尔说完这句后稍稍停顿了一下，接着又说道：

　　"内马尔的身上有一种光辉，他随时随地都在闪耀着。不论走到哪儿，人们都能注意到他。他很友爱，很开朗，尽管那时的他比你现在看到的要害羞得多，他还是能很快就和别人成为朋友。"在展望这位明星学生的前程时，吉尔的心情有些复杂，既有几分焦虑，又充满许多期待。

　　"我们这所学校信奉的是天主教，每当我想起内马尔时，我都祈求上帝保佑他，让他成为年轻人的榜样，让他能继续保持谦卑，继续保持榜样的姿态，不要做蠢事。甚至我两岁半的孙子都会说：'我想要留像内马尔那样的头发。'所以说，内马尔必须成为一个模范男孩。不幸的是，金钱可以毁掉人们。那些著名的演员们虽然挣了越来越多的钱，但却丢失了越来越多的快乐。即使今天，穿上一件新买的衬衫还是一件能让我感到非常开心的事。如果内马尔感觉不到快乐了，那就意味着要出问题了。所以我总是祈祷他能一直处在上帝的庇佑下，因为他是个有出息的孩子，生来就是一颗幸运之星。"

身体的挑战

我们先说说费尔南多·费尔南德斯（Fernando Fernandez）。他一直与内马尔共事，两人之间的关系如同家人般亲密。

当费尔南多·费尔南德斯还是个男孩的时候，他认真学习了很多种体育运动项目，以至于后来没有一样特别擅长。他的好奇心一开始让他放弃了以体育事业为生，继而又让他重新燃起了这个想法。

最后，他选择了把注意力放在教育学生上面，并且当上了一名合格的体能教练。如今他已成为桑托斯健身队伍中的一名体能教练。

内马尔在圣保罗里赛乌学校遇见他的体能教练费尔南多·费尔南德斯时，恰值13岁。自那以后两人便一直共事，先是在圣保罗里赛乌学校，后来到了桑托斯青年足球部和职业足球部。这中间不知经历了多少努力！内马尔13岁时简直瘦得皮包骨头。

"他那时只有40公斤，身体里只有5%左右的脂肪，已是维持身体各项重要功能器官运转的最低水平。"费尔南多说。

我们见到他是在桑托斯贝利中央训练场的战术房——俱乐部主教练进行视频分析和对下一场比赛中球员的表现进行预测的地方。

费尔南多·费尔南德斯对于内马尔，就像在摩基达斯克鲁易斯市时阿蒂略·斯沃蒂对于他的父亲一样。他把这名球员当作一台机器一样修理着、调整着、优化着，为的就是能让他发挥出最佳水平。

"尽管他如此瘦小，但却是能力超凡。"费尔南多告诉我们。

"他的技术能力当然让我觉得了不起，尽管那不属于我的责任范围。但最让我钦佩的是他的敏捷，他尽管块头不大，力道却非常足，能在近距离的抢夺中从比他更大、更强壮的对手那里非常机敏地把球抢到。"

费尔南多的任务是在不影响速度和身体敏捷度的前提下帮助内马尔锻炼出肌肉。同时，内马尔还必须适当增加体重。在桑托斯时，费尔南多同一位营养学家一道为14岁的内马尔制定了特殊的食谱。内马尔也开始了每周3次的体重训练，经过6个月的训练后体重增加了10公斤。

"内马尔能吃什么、不能吃什么，以及他的睡眠模式等都是需要引起关注的。我们把他的食谱和训练安排都告诉他的父母，并向他们解释遵照这套食谱和安排对内马尔和俱乐部分别有什么意义。当时内马尔和其他男孩在体魄上还是存在一定差距的。"费尔南多解释道。因此，他需要确保内马尔坚持他所制定的食谱。

"我觉得有责任保证他每天都喝下一些营养补充品。所以他来训练时，我都会给他准备一份含碳水化合物和蛋白质的饮料。我会对他说：

'喝了这个，内马尔！'"训练过程中的休息时间里，我会再给他一份，训练结束后还会有一份。'喝了这个，内马尔！'"费尔南多重复着自己的话，一边微微笑着。

"喝了这个，内马尔！"这句口头禅对一位需要不断运动的少年来说具有重要意义，就好像他可以像一只喝了红牛的金霸王小兔子那样四处活蹦乱跳，而不用停下来担忧自己是在燃烧身体里本来就不多的脂肪。

费尔南多继续说：

"这些营养补充品之所以很重要，是因为内马尔的肌肉比较瘦弱，同时也因为他高水平的能量消耗，毕竟他是一位动得很多的运动员。内马尔就是这样过来的，现在也是如此。所以我们不得不随时快速地为他补充能量，以确保他的肌肉组织不但不受伤坏，而且还能保持在一个良好的水平上，以便能承受住进一步的锻炼。"

事实证明，费尔南多所做的这些都是值得的。

"我们的工作成效在内马尔参加的比赛中是显而易见的。当时的团队主管安东尼奥·利马·多斯桑托斯在一次比赛中对我说：'这孩子确实是强壮多了。现在，即使别人用肩膀猛推他，他也能站着不动了。'他的话让我听了很开心，这等于是说——我们的目标达成了。"

今天，你如果在比赛中看到内马尔用自己的身体对抗那些块头很大的对手，你看到的其实是费尔南多·费尔南德斯的功劳。他本来如风中的一片叶子一样很容易被推倒撞倒，但现在不是，他比看上去的要强壮得多。

"很明显地，在训练过程中我们要用到整个身体。尤其是腿，但也会用到肚子、胸、肩膀、背和手臂。观看内马尔比赛时，你可以注意一下他运用手臂的频率。这是我们研究出来的能够帮助他在对抗体格强壮的防守球员时保护自己不受伤害的方法。"费尔南多一边说，一边摆出那个手势，就像是在推开某个看不见的对手。

内马尔和费尔南多·费尔南德斯在贝利中央训练场训练

作为一名体能教练，他从来没有遇到过像内马尔这样优秀的运动员。据他所言，内马尔是一个非常自律、性格非常坚韧的孩子，总会照着他说的去做。

"内马尔身上具有一些非常优秀的品质。其中之一就是他的耐心，强健体格也好，比赛晋级也好，赢得最佳球员的头衔也好，不论遇到什么挑战，他总是能充满耐心地等待，一步一步地迈向他的目标。另一个重要品质就是他的创造力，他具有很强的创新能力。我跟他合作了很多年，虽然一直大胆地对他抱有非同寻常的期望，但他今天的成就甚至超过了这样的期望，这是我意料之外的事。他无疑是极富有创造力的，在场上他的脑子转得像闪电一样快，头脑和肢体的协同也非常迅速。这一点真的很了不起。"费尔南多说。

当事情进展不顺时，内马尔从来不会摆出一副漠不关心的样子。

"球队输掉比赛时他会真心不安，从他脸上就可以看出来，可以看到他正烦恼着，要么烦恼自己发挥得不够好，要么烦恼球队没有发挥好。如果是自己的原因，他会更加生气。他非常在意自己的表现。"

不过，要让内马尔长时间保持一副严肃的状态也是比较难的。

"内马尔是一个安静、平和、有教养、善解人意的孩子。但同时，他也总是抓住机会就和你开玩笑，经常四处耍乐或者拿其他球员打趣。他是那种在自己所处的环境中能镇得住场面的球员。大家绕着跑道跑一圈时，他会想着跑到最前面去，这样他就能对后面的人做鬼脸了。有时，他会超过某些人，目的就是为了等待机会捉弄他们。他总是会把球拿在手里，举起来从队友身上扔过，或者放在脚下踢穿裆球给他们。所以他总是能给大家带来乐趣，他那些出自友好的挑逗行为总可以使气氛变得轻松自如。自我认识他以来，他就一直是这样。记得有一次我过生日，他在我头上浇了一瓶佳得乐！那时他才15岁，不过这笔'账'我至今记得。你怎么可以对教练做这种事？！一般人是不敢这么做的，但他就是那样做了。"费尔南多说着说着便走入了回忆的长廊，追寻着那些温馨的小故事。

"别担心，关于内马尔我还记得一些能够展现出他另一面的事。"费尔南多继续说道。

　　"有关他最美好的记忆其实有两件事，都发生在他在青年队时。第一件事体现出了他对足球的热情和他行为中的谦逊。15岁时他已经很出名了，走到哪里都能被媒体找到，许多俱乐部都知道他是一块宝，也就经常盯着他。有一次我们在一个军营的场地上训练，当时正练习临门一脚的技术，有个球从球门上方飞过掉进灌木丛里了。内马尔跑去捡球，但他带回来了两个球，一个是我们的，另一个比较破旧，是被人遗弃在那里很久了的。训练结束后，内马尔对我说：'教练，你能帮我保管一下这个球吗？'我说当然可以。后来我们回到了维拉·贝尔米洛球场。我冲过凉后换上衣服，正要从办公室回家时，有人敲了我的门，正是内马尔。'那个球呢？'他问。'哪个球？''就是我捡的那个球啊！''你要那个球干什么？''我要那个球是因为我想去海边用它来和我的朋友们玩沙滩足球'。"

　　"这么旧的一个球，内马尔完全可以不用。但是，他就是想拿这个球来和朋友一起玩。这件事折射出了他内心的善良和仁慈。去那里待了30多天后，我们打道回府。那天恰好遇上他的生日，他便邀请我去参加他的生日宴会。然后他对我说：

　　'教练，我能问你一点事吗？'

　　'当然可以。'

　　在训练营的时候我们有位名叫'内格灵霍'的球员，他身材很小，但为人很好。我们都很喜欢他。内马尔说：'我得了两双耐克的足球鞋，而内格灵霍一双都没有，我是不是应该给他一双？'

　　我当然说"是的"，于是他便把一双足球鞋送给了内格灵霍。这就是内马尔善良的一面。他乐于助人，心地仁慈，并且很看重友情。无论他今天到达了什么样的高度，也无论他是否打入了世界最佳进球，在我心里内马尔从未变过，改变了的是他的生活。内马尔内心里还是当初的那个男孩。"

　　如今，内马尔已经离开维拉·贝尔米洛这个青年队平台，加入了他心向往之的豪门球队巴塞罗那，那么费尔南多眼中的世界又成了什么样子呢？

　　"步入足球圈之后，你会知道俱乐部里有球员和其他角色人员进进出出本身就是游戏规则的一部分。彼此分开也是再正常不过的了，我们已经习惯了说再见。分离的时刻总是伤感的，因为他是一位朋友，一位好球员，是曾一直陪伴过你的人——一直和你聊天，和你一起参加训练。很多时候他就像是自己的孩子一样。你看着他长大，如今他已准备好要飞走了。"

黄金璀璨

在2011年CT内马尔足球学校（CT Neymar football school）开张的那一天，雷吉纳尔多·菲诺可以说是全巴西最引以为豪的人了。学校的名字来自他以前的学生内马尔·达·席尔瓦·桑托斯·儒尼奥尔，内马尔本人也来参加了开幕式。

菲诺被桑托斯选为这所学校的领导，以感谢他多年来在俱乐部青训学院中培养出了一大批了不起的足球人才。

桑托斯旗下的足球学校遍布整个圣保罗州，但只有雷吉纳尔多·菲诺的这所学校是以世界顶级足球天才的名字来命名的。

学校建在圣保罗灼热内地的一个小镇上，在那儿你可以看见戴着牛仔帽的男人拉着马车在尘土飞扬的街道中穿行。小镇的名字叫欧里纽斯，那里盛产许多小小的天然金块，是一个对菲诺而言再合适不过的地方，因为他曾为巴西打磨了一大把青年才俊和足球精英，其中有些已完全铸成"纯金"，以罗比尼奥、迭戈①和内马尔三人的成就最高。

菲诺本人则既没有腰缠万贯，也没有家喻户晓，而是如他所说的：

"我对名利不感兴趣，我感兴趣的是成功本身。"

学校正式开幕的时候，整个小镇如在节日里一样洋溢着欢乐和喜庆。菲诺还说，内马尔也是满脸的欢喜。开幕仪式非常成功。

"那儿有5000人，他对每一个人都很好。大家都能感受到他的魅力，在那之后都纷纷对他进行了正面的评价，包括科林蒂安斯、帕尔梅拉斯，和圣保罗等俱乐部的粉丝在内。"菲诺的话隐射出了这几家大型俱乐部与桑托斯旷日持久的敌对状态。

雷吉纳尔多·菲诺曾参加过桑托斯和桑堤斯塔葡萄牙人的青年队，但他的父母觉得他才华不够，最终没有支持他的足球梦，而是坚持让他上了学。后来他去学了企业管理，但业余时间里仍继续玩足球，最后抓住机会成了一名足球教练。

尽管已经有了罗比尼奥、迭戈、内马尔这样璀璨夺目的学生，以及桑托斯青训学院里的很多其他青年才俊，菲诺却始终保持着他的谦逊和质朴。从早晨太阳照在欧里纽斯到傍晚小镇西式街道上的影子被拉长，他坐在那里把自己的成就数上一天也不为过。但他并没有这样做，他一如既往地践行着自己的布道精神。

"我总是告诉内马尔他身上最大的成功之处在于他的谦恭，他必须保

---

① 即迭戈·里巴斯·达·库尼亚（1985—　），巴西著名足球运动员，为巴西国家队效力过30余场比赛。——译注

雷吉纳尔多·菲诺在CT内马尔足球学校

持下去，因为谦恭能带给他世界上所有的东西。如果你自以为是，你很快就会失掉朋友，而且你身边会围着一堆只对你的钱财感兴趣的人。"

一位巨星能站在公众面前，其背后少不了那些默默无闻的人们曾对他产生的影响。内马尔把菲诺带到了欧里纽斯的光环之下，让其他孩子和青少年们也能从他所投身于其中的足球学校中获益。

菲诺领着我们参观了学校的体育馆，这个体育馆不是出于什么特定目的而建造的，而是小镇上一片古老、迷人但却有点过时了的场地。学校的少年球员们的年龄多在6～16岁之间，入学时学校就会保证他们将来有机会参加本州或邻州的锦标赛。另外，他们还能去拜访维拉·贝尔米洛球场的英雄们。

"从某种程度上说，在欧里纽斯地区，孩子们的足球梦比在桑托斯还要难以实现。内马尔以前很穷，自身没有办法获得训练，但在桑托斯常有我们这样的教练去寻找捐助人或愿意投资足球的人来帮助这样的孩子。但欧里纽斯不存在这样的氛围。我们在桑托斯最好的学校给内马尔和他的妹妹争取到了奖学金、交通费、住宿费、校服、书本等。因此，可以说他得到过很多桑托斯人的帮助。而在欧里纽斯，即使有个孩子足球踢得很好但家里很穷，基本上也不会有人为他提供帮助和支持。既然父母没钱，那就不踢足球了。罗比尼奥也得到过大家的帮助，因为他家以前比内马尔家还要穷。正因为有了这么多人的帮忙，他们才达到了今天的高度。"菲诺说。

不管是内马尔还是其他球员，仅有才华是无法把他们从一个位置提升到另一个位置的，总是还存在很多其他因素。对内马尔而言，这更像是一种被拉到了极限的平衡。还记得我们听过的那些话吗？

同龄人中也有其他像他一样具有潜能（但却没有被发现）的。

贝蒂尼奥眼中只有他（内马尔）。

你必须在足球场上好好表现，才对得起给你的奖学金。

你是新一代的罗比尼奥！

这是上帝的旨意……

没有其他人的帮助……就没有今天的内马尔。

　　看见内马尔和足球在一起时，你首先嗅到的便是他身上所散发出来的嬉闹、直觉、创新、乐趣和热情。他还会时不时地对足球进行一番爱抚，拿在手里摸一把或玩几下后，才朝对手两脚间或头上扔去，或者扔过自己的头顶打到对手的头上，诸如此类。而对于每周一次的艰苦训练——在炎热的酷暑中，或是在瓢泼的大雨中（对此桑托斯的球员们再熟悉不过了）——他也能持有同等的热爱。大普拉亚格雷米奥队的人这样说，贝蒂尼奥这样说，体能教练费尔南多·费尔南德斯这样说，雷吉纳尔多·菲诺也这样说。因此，这无疑就是真的了。

　　菲诺认为，内马尔的成功说到底还是源于他自己的努力。

　　"当然，内马尔能有今天的成就，离不开他出众的才华。但我认为，这一切更离不开他在训练中付出的巨大努力。可以毫不夸张地说，他把每一次训练都当作一场比赛，把每一场比赛都当作是决赛。他非常用心，也比其他球员更会自我约束。他总能准时来参加训练，从来不偷懒，总会不断地进取。这是他的独特之处。我还想指出的是，他是一个各方面都和我所打过交道的其他年轻球员不一样的球员。很多年轻的巴西球员一加入俱乐部就开始把自己看作是明星了，而内马尔却丝毫不会这样。"菲诺接着补充道：

　　"总而言之，他是一个打心底里热爱足球的家伙。"

　　公园的小沙地、街道的角落、桑托斯的五人制球场，还有圣保罗海岸广袤的沙滩，这些都是奠定了内马尔足球技能的地方。他第一次在俱乐部的草坪球场上踢球已是10岁以后。正如贝蒂尼奥和内马尔自己所说的，他"百宝箱"里的很多技能都要归功于当年的五人制球场。

在菲诺看来，五人制足球不仅锻炼了内马尔的球技，也锤炼了他的性格。

"五人制足球对任何一位足球运动员的技能提升都会起到重要作用。在桑托斯的锦标赛成绩非常强势的那段时期内，内马尔在圣保罗里赛乌学校踢球，想获得完美技术他需要做到很多，当时他才12岁，就要在坐满观众的球场里进行重要的比赛甚至决赛。所以说五人制足球不仅提升了他的技艺，也锻炼了他的心理素质，教会了他该怎样在如此小的时候应对这类比赛。"

菲诺的铁三角——罗比尼奥、迭戈和内马尔——都曾是五人制球场上的孩子。据菲诺所说，虽然他们同是声名显赫的明星，但从个体和球员的身份上来说，相互之间的差异可谓天壤之别。不论好坏，那些觉得内马尔就是"另一个"罗比尼奥的人都错了。

"内马尔是迭戈和罗比尼奥两个人的结合体，同时具有后者的才华和前者的力量，即非凡的技艺和强大的意志力。他不仅拥有了不起的天赋，更充满对足球的挚爱。世界上有两种球员：一种是为了踢球而踢球；另一种就是内马尔，为了赢得金球奖（Golden Ball），成为世界上最棒的球员，他愿意付出一切。顺便说一下，我确信有朝一日他定能实现这个目标。"菲诺说。

关于罗比尼奥，他说：

"从足球技艺上说，罗比尼奥是很有天赋的。他五六岁的时候运球就运得非常棒，但他不是那种意志力超群、充满能量的球员。五六岁时在五人制赛场上，他就从盯着他的人开始，把球运过1、2、3、4个对手后，直接朝球门射进去！没有人能抢到他的球。后来他长大了，仍然技艺超凡，但是现在他的对手们也成长了，学会了如何更好地阻拦他，以至于他无法越过他们每一个人。罗比尼奥的意志力也有些薄弱，这就是为什么他没能取得他的天赋所支持的最大成功。"

关于迭戈，他说：

"迭戈12岁时，我就开始同他打交道了。他足球技艺精湛、充满活力，意志力也很强大。他在整个球场奔跑、盯人、进攻，或在训练场上队友走神时朝他们喊叫。迭戈总是会控制不住自己的脾气，他很容易就被惹恼。如果教练不顺他的意，他就会很生气。我们跟他之间也存在一些问题，有很多次我都坐下来同他说：'如果你不改变自己，你将很难成为一名成功的职业运动员。你终究会成为一名职业运动员的，这点我不怀疑。但问题不是成为职业运动员就好了，而是要成为一名优秀的职业运动员。'"

才20岁出头时就拥有了所需要的一切，那么钱财、名誉和奖杯对球员们还有多大的吸引力呢？大家都知道，很多重要的巴西球星到二十七八岁时便开始走下坡路了。当初的朝气、热情和那股劲头逐渐淡去。不妨试想一下，当一路走下来你已经什么都见过，也什么都有了，你还会想去做什么呢？

像罗纳尔多这样的球员能把他的职业生涯拉得更长吗？为什么他要等到职业生涯的最后一段时期，在上电视真人秀时，才开始减掉他过多的体重？在巴塞罗那队的精彩发挥之后，罗纳尔迪尼奥的笑容和速度去哪儿了？当阿德里亚诺那曾令人惊呼的远射变得像从炮筒里出来一样没意思时，他是怎么了？

同很多其他足球粉丝一样，雷吉纳尔多·菲诺也曾仔细思索过这些问题。

"罗纳尔多一直保持着他对足球和追逐更高水平的热情，但他在技能上却不可避免地在倒退，这是因为他身体曾经受过多处伤害。先是一只膝盖动过手术，再是另外一只，而且除了膝盖外，其他部位也接受过手术治疗。一经康复他就在2002年的世界杯上发挥出色，为巴西队赢得了世界冠军，成为8个进球中贡献最大的球员，后来也被评选为世界最佳球员。尽管如此，使罗纳尔多再也无法超越自己的还是他身上的旧伤。阿德里亚诺也是一名很棒的球员，但他同罗纳尔多和内马尔并不是同一类型。他是一名很出色很强壮的前锋，善于摆脱对手后进球得分。当他在欧洲取得经济上的大丰收后，他渐渐地变得不那么潜心于足球，开始有些怠慢了。他开始了那种呼朋唤友或是享受物欲的生活，而不太注意控制自己。这样一来，他的体形很快就走了样。而罗纳尔迪尼奥，不管是从技艺上还是从速度上来说，他和内马尔都很相像。他在巴塞罗那走向巅峰时的表现是令人惊异的：他可以三番四次带球越过对手，摆脱他们，几乎没人拦得住他，他也赢得了世界最佳球员的称谓。我曾不止一次地在心里质问自己他究竟为什么如此快地失掉了这一切，他才二十七八岁，还相当年轻。所以我想，丧失对足球兴趣的唯一理由只能出在罗纳尔迪尼奥自己身上，尽管他说过自己不可能失掉这种兴趣。"菲诺这样说。他相信内马尔的父母在保持儿子对足球的热情上会起到关键作用。

"我想，如果到内马尔二十七八岁时，他的父母还能在身边支持他，他就不太可能失掉这份热忱。相信他的父母会尽到他们最大的努力。我也希望内马尔能始终充满动力，希望他永远也不会失去对足球的兴趣。"

当然，菲诺毕竟不能保证结果一定会是这样。

"事实是这样的，早年就取得突破的球员，他们需要经常上场比赛，所以不得不早早地放弃正常的社会和家庭生活。到二十七八岁时，他们可能已在这样的节奏下走过了10年，他们的热情逐渐退去，且这种热情不是对比赛本身，而是对作为一名足球运动员的生活。球员们很可能受不了连续很多年被"关"在训练营里。10年里每个月可赚到150万欧元的球员，到了27岁时也可能会想：'我已经不再需要证明什么了。'"

雷吉纳尔多·菲诺曾考虑过当内马尔的经纪人——这个想法在当时并非如此不切实际。但那样做超越了他的领域。如果对待足球的态度能稍微势利和懂得算计一点，他很可能早已成为一名富豪了，但那不是他的风格。

"成功意味着实现了你的计划。抛开其他不说，我还是把生活中的某些事情做成功了，有时我很为自己的所作所为感到骄傲。我曾在场内外帮助过世界上多名最出色的球员。我对发掘新的人才这件事始终持有很浓厚的兴趣，即使现在也是如此。在大家都还不知道内马尔的时候，我曾对某个朋友说：'一位名叫内马尔的球员将能做到。''他将会和罗比尼奥一样优秀吗？''不，他会比他更加出色！'如果今天我再说起另外一个尚不知名的球员，他们可能就要问我他是否会和内马尔一样优秀了。"

慷慨如菲诺，他也的确透露了一个或许将比内马尔更棒的名字。

不过，那就是另外一个故事了……

巴西之梦

在一个处在国际社会底端、生活只能勉强糊口的国家里，小内马尔睁开了他那天真无邪的小眼睛。

内马尔出生的1992年恰是巴西惨遭恶性通货膨胀、濒临破产的一年。似乎还不止这些，首届由民主选举产生的政府在经过多年的军事统治之后，正饱受着贪污丑闻的困扰。

在圣保罗离内马尔出生地摩基市不远的卡兰迪鲁（Carandirú）监狱，68名警察残暴地镇压了一场囚犯暴动，枪杀和处决了一百多位囚犯，这是巴西历史上最血腥的大屠杀事件之一。

换句话说，在巴西这个国家，没有太多能引人发笑的事。身为流行歌手兼歌曲创作人的卡耶塔诺·费洛索和吉尔伯托·吉尔创作出《海地》（Haiti）这首歌时，他们的幻想破灭了。歌里写得正是卡兰迪鲁的屠杀和巴西所面临的贫困、人们无家可归和政府腐败无能等问题。

费洛索和吉尔也曾在独裁时期创作过哀歌和抗议歌曲，并因此被迫过着一种流放生活，直到另一阵风刮过他们祖国的大地——尽管人们盼望了很久的革命春风还要在他们归来后很久的时间里才慢慢吹起。

有关巴西还有一首歌，那就是巴西的国歌《听，伊匹兰加的呼声》（*Hino Nacional Brasileiro*），这是自1922年这个国家从葡萄牙殖民统治下独立出来后，一直被唱响着的。内马尔每次代表巴西国家队踢比赛时，也都要哼唱国歌。

与进行曲般夸张的曲调相结合的是一篇柔情婉约的歌词，其中有几句是直接关于巴西的：

> 巴西，一个炽热的梦想，一束耀眼的光
> 给大地带来爱和希望
> ……
> 你是坚强的巨人，美丽、强壮、充满勇气
> 你的前程无限壮丽

多么富丽宏伟的词句！但巴西这个国家却似乎总是难以担得起。

虽然巴西是一片未来之地，但正如奥地利作家史蒂芬·茨威格在1941年时所言，"这个国家本身似乎不太了解自己的潜力"。

二战时期，犹太人茨威格在巴西遇到了来自欧洲战乱国家的难民。

离开欧洲时茨威格对这个国家并没有抱有多大的希望。用他自己的话

来说，他对待这个国家的态度从某种程度上说有些傲慢，并相信很多欧洲人和北美人在这点上也同他一样。他们对巴西的偏见可总结如下：

巴西是一个炎热得让人无法忍受的地方，政治环境混乱不堪，政府平庸无能，人们无法期望获得任何重要的智力启发。

但在临近巴西海岸的旅程中，茨威格发现了一个更加微妙的真相。

在接近里约热内卢的行程中，他被自己的无知震惊了。原来，在那儿一些让他大开眼界的事正等着被世界发现。海洋和山脉的完美结合使他大为所动，后来他旅行到了圣保罗，再次邂逅惊喜。

这次让他吃惊的是圣保罗的发展——这座正在崛起中的城市，如火如荼的生产建设活动，人们勤勉发奋的精神。随着对巴西的进一步探索，傲慢带给茨威格的精神包袱在不知不觉中一点点褪去。他发现自己找到了一个不同种族和平共处、人民开放友好、远离战争的乌托邦。

茨威格对巴西的描写也许太过于粗略，但他对巴西具有巨大潜力的感知无疑是正确的，只是巴西这个巨人要在若干年之后才慢慢醒来。

20世纪90年代，随着当时任财政部长、后来成为巴西总统的社会学家费尔南多·享里克·卡多索（他恰好也是茨威格的粉丝）开始对一些国有公司实行私有化，对经济进行整治，以及通过"雷亚尔计划"稳定货币，这个国家开始取得了积极的发展。"雷亚尔计划"是一项为巴西经济发展奠定了坚实基础的经济计划，后来由他的继任者路易斯·伊纳西奥·卢拉·达席瓦尔和迪尔玛·罗塞夫一直稳定地实行至今。

后来几年里，数百万人被提升到了大众消费中产阶级的水平，同时巴西在靠近桑托斯海岸线的海底发现了大量的石油储备，这堪称是西方世界近年来最大的一次发现。

如巴西总统迪尔玛·罗塞夫——世界第6大经济体的监护人——2012年所言,这是"上帝是巴西人的有力证明"。

也就是说,这个南美洲的美丽巨人正洋溢着一片乐观的景象。尽管这样的场面最终也许会归于平静,但随着具有历史意义的强大经济体的确立,以及世界杯足球赛和奥林匹克运动会在这片土地上的举办,属于巴西的时代无疑即将到来。

内马尔身上恰恰体现了这个国家的进步、乐观和自信。他从国家发展的这面镜子中看到了自己。同时,他的故事也反映着巴西这个国家欣欣向荣的景象。

"作为巴西人是有很多理由感到自豪的。足球当然是其中第一个理由。此外,我们的很多城市都非常棒。我为巴西感到如此自豪。我们的经济强大了,这点也非常重要。经济发展帮了这个国家,帮了我们每一个人。我并没有把全部的注意力都放在足球上,而是还会关注新闻。但足球是我的职业,所以它占用了我的大部分精力。"内马尔对《时代周刊》如是说,他在2013年荣登了该杂志南美版的封面。

前几代巴西人都成长在独裁的政治环境和穷困潦倒的经济前景中,而今天在年轻一代巴西人的眼中未来已变得更加明朗和美好。他们的心中早已盛满了信心。

2012年,在"未来即现在"这个理念的激励下,专门研究年轻人消费趋势和行为的巴西研究院BOX 1824开始对当代巴西年轻人的梦想展开了一项调查。

属于18～24岁之间的人,即内马尔这一代人,是"巴西之梦"项目的聚焦点。近年来所谓的"美国梦"一直在被人们强调着，但在这次研究背后，调查者们认为巴西人到了该朝自己看的时候了。此类研究在巴西还是首次。

包括采访者、社会学家、思想家和研究人员在内的15人穿梭跋涉于巴西的各个城镇，带回了1700份定性访谈记录。研究结果显示，在受访的年轻人中，有89%的人都为身为巴西人而感到骄傲，76%的人认为巴西正在朝着一个更好的方向改变，87%的人相信巴西将对国际社会产生重要作用。

也就是说：巴西的年轻人非常看好自己国家的前景。

整个研究结果即巴西年轻一代的梦想，浓缩起来就是身份认同。他们梦想着学习，进入一个行业，找到一份工作。他们梦想着能够成为自己所期望成为的人，梦想着自己能够有所成就。

这就是2013年6月联合会杯足球赛期间这一代巴西年轻人一起走向街头游行抗议时所拒绝放弃的梦想。巴西人站出来，呼吁少一些腐败，多一些民主，他们要求得到更多的教育机会，更好的医疗条件——归根结底，过一种更有尊严的生活。

内马尔曾在桑托斯足球俱乐部的网站上谈到他对自己及这个世界的梦想和希望。

"我希望自己变得更加成熟。我希望能在足球的世界里经历很多事情。我期望一个更好的世界，它每天朝着正确的方向进步。我希望所有人都快乐。"

2009年，内马尔17岁，他向世界传递着他的快乐。他没有辜负自己的那些梦想和他人对他的预言，他给自己的职业生涯开了一个好头。

我真的很快乐

维拉·贝尔米洛球场的记者招待会上，内马尔腼腆地望着记者们。

在很快地与观众做了眼神交流之后，他的目光警觉而迅速地落到了桌子上。

他理着平头，身板纤瘦得像个小男孩，警惕地微笑着，上下两排牙齿上的牙套露出来，像两条火车轨道。他的父亲坐在幕后，时刻准备着在他被问得招架不住时冲到前面去替他做挡箭牌。

招待会现场一片沸腾，记者们争先恐后地发问，急切地想要更多地了解他——这位17岁的天才少年。除了过去几个星期里在球场上展现给观众的飒爽英姿，他们还想挖掘出有关他更多的故事。

但确切地说，内马尔已不算最新的新闻人物。他出道已经有几个年头了，不过，就在那个短暂而激情的时刻里，人们突然在掌心的多媒体设备上看到他时仍多少会感到有些意料不及。

这样一颗新星当然是媒体和这个国家都求之不得的。继阿德里亚诺的光环褪去，罗纳尔多因腿伤退役，罗纳尔迪尼奥的表现时而惊人一现时而麻木无味之后，媒体终于能写点积极的消息了。总要有人让巴西足球卷土重来，这个人会是内马尔吗？

内马尔在成人正式比赛中首次亮相是在2009年3月7日，圣保罗州冠军赛中伊斯塔迪奥·帕凯姆布球场（Estádio Pacaembu）桑托斯俱乐部对阵圣保罗甲级联赛的欧斯特队（Oeste）。首场比赛后内马尔便跻身于俱乐部当时颇有名气的球星行列，包括前锋罗比尼奥在内。罗比尼奥和内马尔有着如此多的共同之处。

到那时为止，一切顺好。

内马尔在他的第三场成人比赛中打进了他的第一个球，这次比赛对阵的是圣保罗甲级联赛的摩吉米林队。

中场球员保罗·恩里克·甘索的进球让比分变成了1：0，前锋罗尼继而又使比分改写成2：0，当桑托斯这样的俱乐部在国家锦标赛之前的州冠军赛中遇上摩吉米林队这样一条"小鱼"时，类似的状况并没有什么大不了的。

但最后却发生了如下情形：

下半场进行到27分钟时，内马尔的身体几乎飞进了这个6码大的球门内，跑在罗尼左侧的他争顶头球时跃地而起，剩下的就是摩吉米林队守门员背后球网的一阵猛烈晃动。这便是巴西新生代足球金童打进的第一个球！

维拉·贝尔米洛球场、大教堂及其信徒

　　内马尔跳起来的时候拳头紧握，身体就像飘浮在空中，这一幕似曾相识……着地时他张开的手向上举着，目光投向深邃的夜空。

　　顿时，欢呼声如雷贯耳。

　　巴西环球电视台资深足球评论员米尔顿·雷特可能已意识到，自己将要说出来的话定会具有划时代的历史意义：

　　好样的！桑托斯！这是历史性的一球。内马尔的头球……这名来自桑托斯的男孩发光了，他已然成了球迷们的新宠儿！

　　球迷们充满节奏地欢唱着为他喝彩：

　　内马尔！内马尔！内马尔！内马尔！内马尔！

从赛后的电视报道中，内马尔听到了自己的名字被拿来与在桑托斯、巴西乃至全球足坛中都大名鼎鼎的贝利相提并论。

只用了三场比赛，内马尔就从罗比尼奥飞跃到了贝利。现在他坐在那儿，带着几分青涩，首次面对巴西强大的媒体阵营。他就像壁球比赛中的那扇墙一样暴露在人们面前。

一个接一个的问题从记者们口中朝内马尔炮轰而出。他打起精神配合着，同时尽最大可能去回避一些问题：

昨晚帕凯姆布的比赛结束后，媒体的报道篇幅和观众的反应是否让你吃惊？这出乎你的意料吗？

"是的，出乎我的意料。人们因为我而充满激情，这份殊荣让我感到开心。我非常高兴。"

内马尔，你现在17岁。很多其他处于你这个年龄的人和你过着完全不同的生活。他们还在上学、购物、参加聚会。你的生活发生了什么样的变化？

"其实可以说发生了巨大的变化。不仅是去购物中心或参加朋友聚会，这些我本来就不怎么爱去，也不被允许参加。但有些事情是我必须妥协的，比如说上学。早晨和下午训练完后还要去上学就会很难。所以说，足球运动员的工作让我无法和其他人一样享受上学的权利。"

你最怀念的是什么？

"最怀念的是什么？我最怀念的是在学校里时的乐趣和游戏。"

到现在为止你已作为职业球员参加了三场比赛，你觉得你可以决定比赛的结果吗？

"我不这样认为，我的在场只是为了帮助球队赢得比赛。"

你是从小就对足球战术感兴趣，还是在成为职业球员之后？

"我一直在努力做好主教练让我做的事情。不仅现在，以前小的时候也是如此。我的目标就是做好主教练交代的事……然后再多做一点点。"

罗尼昨天高度表扬了你，昨天进球后我们看到队友们都过来拥抱你。然后你拥抱了罗尼。很想知道他在你心中是怎样的一个位置？他是否帮了你很多？还有一个问题就是关于贝利风格的进球庆祝。这是提前准备来表达敬意的吗？还是自发的？你是否打算今后都以这样的方式来庆祝你的进球，抑或只是这次这样？

"谈到罗尼，我确实从他身上学到了不少。他不仅在场上给我传授了很多有用的经验，也在场外帮了我很多。我是他的铁杆粉丝。我进球时就想感谢他，因为是他把内切球传给我的。至于进球庆祝方式，我是按我父亲的意见办的。我父亲是贝利的球迷，他让我在以职业球员的身份为桑托斯打进第一个球的那刻向他表达敬意。那是我父亲的梦想，感谢上帝让他梦想成真了。"

能否和我们谈谈一个人，他就是发现罗比尼奥的"伯乐"贝蒂尼奥？他似乎有一双慧眼，因为你也是由他带到桑托斯的。他让罗比尼奥成了欧洲家喻户晓的人物，而且你过不了多久也必将加入欧洲一家大俱乐部。跟我们说说他吧。

"贝蒂尼奥是我遇到的一位贵人，他为我打开了足球的大门。我很小的时候他就开始当我的教练，和我一起工作。他不仅在足球上帮助我，也在经济上给我支持。他经常开车来我们家接我去训练场。我有很多需要感谢他的地方。"

我注意到在你回答我们问题的时候，你的父亲正坐在一旁严肃而专注地看着你。身为一位母亲，我能想象他作为父亲此时此刻的感受。他会说一些什么话来保护你？

"他会参与到我的生活中来。比如，我喜欢戴项链和耳环，但他会说：不，你不应该用这些东西……"

他经常陪着你吗？你觉得他这样做好不好？

"是的，而且此刻他还不仅是陪着。从我小时候开始，每参加一场比赛，他都会陪在我身边。"

你有了作为职业球员的首场比赛经历，在首发阵容的第一场比赛经历，现在你又即将第一次参加经典赛（对阵拥有罗纳尔多的科林蒂安斯的地方德比战）。让你感到最为激动和紧张的是什么时候？你对这场特别的比赛有着怎样的期待？

"我只是在首发阵容中感到过紧张。我想在这场经典赛中我会更加从容，至少我是这样认为的。不过，我们还是走着瞧吧。"

你认为对阵罗纳尔多将会有怎样的感觉？我想他应该是你从小到大的偶像之一吧？

"对我来说，和他对阵就像是做梦一样。见到他我很高兴，我是他的球迷。"

我记得你十三四岁时曾说过这样的话：等到16岁时，我就会成为职业球员。结果17岁时你的预言果真灵验了。那么现在你也来预言一下你进国家队将会是在什么时候吧？

"这个答案只有上帝知道了，我无法预知。"

尽管你年龄很小，但在球场上你展现出了很多个性。你是怎么形成这些个性的？

"我觉得是来自家庭，来自我的爸爸和妈妈，还有经常帮助我、经常同我谈话的瓦格纳（内马尔经纪人瓦格纳·里贝伊罗）。但大部分还是来自家庭……"

事实证明，2009年是内马尔的吉祥年，他有充分的理由感到开心。桑托斯队冲到了州冠军赛的决赛，但以2：4的比分输给了拥有罗纳尔多的科林蒂安斯。尽管如此，他也并非空手而归，而是荣获了锦标赛最佳年轻球员奖。

内马尔首次身着巴西队球衣登场是在2008年3月巴塞罗那的地中海杯比赛上，当时他还未满16周岁。同年年底，他参加了日本丰田青年国际足球锦标赛小组赛。

次年他代表巴西参加了在尼日利亚举办的世界青少年（17岁以下）足球锦标赛，这是他首度参加国际重要比赛。

电视节目录制组在报道新星辈出的非洲训练营时，特别将注意力放在了此时被认为是巴西足球最伟大天才的两位少年内马尔和菲利普·库迪尼奥身上。

库迪尼奥言谈自如，表现得像是一位已在球场上接受过上百场采访的资深球员，而内马尔的言行举止却透露出更多的羞涩和腼腆。但事实上，内马尔是在场球员中最不羞涩的一名，人们在电视上看到的不一定就是事实。

"内马尔是一个坐不住的人，晚上闹起来不让人睡觉！"库迪尼奥厚着脸皮笑着说。

不需要训练的时间里，这两位天才会和其他队友一起打牌玩游戏，但他们对待世界杯比赛的态度很认真，他们知道自己肩负着让巴西足球在非洲撒播下美好希望的责任。

但内马尔和库迪尼奥不愿自己揽下所有的责任，尽管他们最负盛名，在桑托斯俱乐部和瓦斯科达伽马俱乐部挣得的薪水也最多。

"我们每个人都有自己的分工，共同承担责任。我相信，对于成功，球队每一个人身上的责任是一样的。"库迪尼奥说。

内马尔也说："不能因为我们是职业球员，我们就有义务担下所有的责任。是输还是赢，这要取决于整个球队。"

首场比赛中挑战巴西队的是日本队。

比赛在人口众多的拉各斯市（尼日利亚首都）举行。由霍华德·韦伯吹哨。新建成的特斯里姆·巴洛贡（Teslim Balogun）体育场场馆内呜呜祖拉（Vuvuzelas）的号角声响起来，像一窝正在发怒的蜜蜂。

事实上，在最紧要的关头，内马尔和库迪尼奥必须当仁不让地肩负起团队的荣辱使命。

库迪尼奥突破日本队的高防线把球深传给了内马尔，然后由内马尔漂亮地一边和守门员周旋，一边反越位跑去，在守门员背后急速接住球，在防守球员还没来得及反应时成功射门，使比分变成1∶1。这场比赛的最后成绩是巴西队2∶1战胜日本队，在下半场比赛来自日本队的高压拼抢之下，巴西队非常庆幸地赢得了"开门红"。

同时，内马尔的这脚进球也引发了一场轰动：

国际足联官网把内马尔和库迪尼奥这次配合打入的进球得分描述为"天才的罕见瞬间"。

但这场比赛之后，巴西队在赛场上就再也没能踢出这样的天才之笔。输给墨西哥后，巴西队从所在小组及与瑞士队的附加赛中晋级失败，在一片沮丧中打道回府。

最终，内马尔的赛季总成绩为国家青年队3场比赛打入1球，桑托斯48场比赛打入14球。

对于17岁年龄的球员来说，这个成绩已是可以引以为豪的了。

但对于内马尔来说，这不过是热身而已。

环游巴西

在内马尔作为职业球员的第二个赛季，他几乎踏遍了整个巴西。2010年在桑托斯队的这个赛季更像是一场环绕巴西的远征。

从地方的小场馆辗转到都市巨大的竞技场，内马尔最后在三项锦标赛的60场比赛中共进球42个，取得了尤为引人瞩目的成绩。他留在巴西足球舞台上的已不仅仅是他的才华——他已经成了能决定一场比赛胜负的人——还有赛后他面对蜂拥而至的记者时所表现出的成熟和自信。锻炼出他的自信的，应该正是这一年内他和桑托斯一次又一次的凯旋。

在巴西，重要的足球锦标赛总共有3项，分别是州冠军赛（州锦标赛）、巴西杯和巴西全国足球联赛（甲、乙、丙三个组别）。

和欧洲不一样的是，巴西的这些锦标赛是根据公历年进行的。只有不可被侵犯的圣诞节和狂欢节才能雪中送炭般地让球员们从紧张的赛程中松一口气。

1月至5月期间，来自巴西27个州的一些最优秀的俱乐部都在为各州能赢得榜首的荣誉而战。

对桑托斯而言，这是一场为圣保罗而战的冠军赛。

虽然圣保罗州锦标赛在外行看来，似乎不是特别够分量，但它仍然有充分的理由得到重视。

对球迷们来说，这是观看主要地方球队在经典赛事中对阵的绝好机会，一些小一点的俱乐部能有机会对阵名气比自己大得多的球队。

对那些优秀的俱乐部而言，州锦标赛是他们迈向卓越的第一步。其中的关系是这样的：如果是整个州排名前三的俱乐部（每个州标准不一），就能获得参加巴西杯的机会；而若是赢得了巴西杯，就相当于拿到参加南美解放者杯——南美洲最高足球赛事——的门票。

与其要熬过巴西足球甲级联赛的38轮传统锦标赛并进入前4名才能晋级解放者杯，倒不如在州锦标赛和巴西杯中全力以赴，因为这些赛事中的对手要相对容易对付得多。

这似乎正是桑托斯的如意算盘。他们从曼城队租回了罗比尼奥，给这支原本已经训练有素的球队再添了强势的一笔。抵达俱乐部时，罗比尼奥乘坐的直升机恰到好处地降落在维拉·贝尔米洛球场的草坪上。

他走出飞机，举手与桑托斯的吉祥物——一条激动过度的"虎鲸"击掌，吉祥物一直跟着他走到站在一边球门背后的球迷们面前。这儿，罗比尼奥变着法儿耍球取悦观众，"虎鲸"则在人群中闹腾不止。英雄回归了，但这次却并不是以救世主的身份。

在罗比尼奥不在的这段时间里，内马尔已经赶超到了他的前面，而且随着圣保罗州锦标赛的进行，内马尔成了维拉·贝尔米洛球场老大这一点也已显而易见。内马尔在19轮比赛中打进14个球，被评为该赛季锦标赛上的最佳球员。

"这支球队只有一些很年轻的球员，不过我们成功了。我们面带微笑地比赛，我们乐在其中。球队里的快乐是会传染的，我想这就是为什么我们能进展得如此顺利的原因。"内马尔在谈及这个赛季的州锦标赛时说。

在州锦标赛取得胜利后，桑托斯队成功进入巴西杯。这是一场64个俱乐部之间的简单淘汰赛，最后的赢家将能享受解放者杯这块美味的蛋糕。

在比赛资格按州排名确定以后，巴西所有的州都会参与到对巴西杯冠军的角逐中。该赛事展现了这个国家的多样性和地域差异。来自一些小州的稀奇古怪的俱乐部也能有机会在大城市的强队面前检验自己。就像是英格兰的足总杯，这场锦标赛也不是没有它的魅力，只是比赛结果经常没什么悬念。比如说，桑托斯会在第一轮比赛中10：0大胜来自农业大州南马托格罗索州、拥有6000人运动场的小俱乐部拿维莱恩斯。这个州堪称巴西的草原之乡，最著名的就是其一望无际的田野。他们盛产的主要是牛而非足球运动员。拿维莱恩斯的球员们不远千里地长途跋涉到维拉·贝尔米洛只是为了被"虐杀"掉。"杀"掉他们的"刽子手"有内马尔（2球）、安德雷（3球）、马德森（2球）、甘索、罗比尼奥和马基尼奥斯。正是这些相对年轻的球员让桑托斯得到了"维拉少年队"的绰号。

在第二轮中，桑托斯队一行人经由世界最大的雨林亚马逊北上3000千米，到达帕拉州贝伦市的雷莫（Remo）俱乐部。

这次的比分是4：0，内马尔和安德雷在比赛中平分秋色，各进两球。

在球队进第二个球时，内马尔展现出了他慷慨的一面：在突破雷莫队的整条防线之后，他没有直接自己射门，而是把球传到了安德雷的脚边。

"就那个传球，他得付我10%的提成。"赛后内马尔一脸堆笑地说。

在令人信服地淘汰掉圣保罗的瓜拉尼队后，桑托斯顺利进入了半决赛。但半决赛中事态变得严峻起来，这次对阵的是顶级俱乐部——来自米纳斯吉拉斯州贝洛奥里藏特的米内罗竞技队。如果说米纳斯吉拉斯州是巴西经济发展的一辆火车，那么车厢里装满的则主要是铁矿、咖啡和牛奶。这个州到处都有一些被遗忘了的古老的采金镇，它们是数百年前"先锋旗手"率领他们的奴隶在远征途中建立起来的。

米内罗竞技在1971年第一次赢得巴西全国足球联赛冠军，但至今尚未在巴西杯这项全国性的比赛中取得绝对顶级的成绩。但41次州冠军的经历也许已在某种程度上填补了他们这一历史荣誉感的落差。

米内罗竞技在第一场比赛中以主场3：2的比分告胜。威猛的前锋迭戈·塔尔德利为主队打进3球，桑托斯队则由罗比尼奥和埃杜·德拉切纳进球得分。

复赛终于有了内马尔的加入，而且是真正意义上的加入。

内马尔的近距离射门把比分扩大为2：0，这也许是他生涯中最轻松的进球了。在重要比赛中，进球与否才是评断一位球员的有力标准，在这次比赛中，进球的过程已不重要，重要的是结果很漂亮。最后的比分被定格在3：1，桑托斯队晋级决赛。

他们成功了。来自桑托斯的男孩们以总分3：2的成绩战胜了里约热内卢往北山区圣埃斯皮里图州的维多利亚（Vitória）队。

在试图进行勺子踢法，但却被站立如山的守门员接住了球的那一刻，内马尔第一次非常尴尬地射失了点球，并因此引来一阵嘘声。

"我早料到内马尔会选择那个踢法。"赛后维多利亚的守门员这样说道，语气中不乏嘲讽之意。

在圣保罗里赛乌上学时，正是这种点球——所谓的勺子踢法，差点让他被校长传话，但后来仅被主帅多里瓦尔·儒尼奥尔写入了记过簿里。没想到这种踢法会在后来对儒尼奥尔和内马尔都产生影响，这致命的勺子点球！

尽管如此，站在全局的角度上说，内马尔在巴西杯上的总体表现远不只尚可接受的水平。

他进了11个球，是整个赛季进球最多的球员，尽管这次最佳球员的得主是甘索。在此之前的21届巴西杯中，桑托斯从来没能赢过冠军。内马尔帮助球队改写了历史。

罗比尼奥、内马尔和甘索这个三人组因为在巴西杯上毫无保留地展现出了对足球的热爱而受到热捧，以至食品公司塞亚拉（Seara）都前来邀请他们拍摄商业广告，广告里他们是在一场高中舞会上随着碧昂丝·吉赛尔·诺斯的《单身女郎》（*Single Ladies*）音乐而共舞的3个快乐少年。

尤其是为桑托斯进球最多并赢得比赛的"新贵"内马尔和甘索，他们的舞步更是跳到了巴西人们的心里。仔细聆听那丛林之鼓，你就会知道这一年南非世界杯上还会有他们的身影。

不过，国家队主帅会不会同意呢？

淘气的男孩

巴西国家队主帅卡洛斯·邓加可不是一个轻易就会被舆论动摇的人。

他是一个很务实的人，骨子里并没有多少浪漫细胞。迄今为止，他还没有怎么失利过。在任期间，他已率领国家队赢得美洲杯和联合会杯冠军——他的履历还真不难看。所以，对于2010年南非世界杯，若是他执意不选某些明星球员上阵，其他人还真是难有异议。

自1994年担任获得该年世界杯冠军的巴西国家队的队长起，邓加便开始看重球员的对抗防守能力，企图为巴西捧回第6座世界杯冠军奖杯。那种视觉上很漂亮的比赛不是邓加的强项，他尚未觉得有任何必要把内马尔和甘索召入国家队中，而是把全部精力都放在菲利佩·梅洛和拉米雷斯等非常勤奋的中场球员身上。但是，巴西人感觉到的问题是这样无疑少了一点乐趣。没有天才球员和重磅球星参加的世界杯，对很多巴西人来说，显

里约热内卢，涂鸦画家杜伊姆正忙于涂画济科和贝利

然是难以接受的。

　　人们在街头小巷的酒吧和茶馆里谈论足球时，给邓加起了一个绰号——"驴子"，意指他的愚蠢。脸谱网（Facebook）上有人成立了相应的泄愤组织，另外，报纸、网络调查、街头涂鸦中也有人毫不留情地对他进行嘲讽。14000名内马尔的粉丝签名进行联合请愿，要求把这名来自桑托斯的男孩召入世界杯巴西国家队阵容。

　　更有创意一点的人甚至还制作了一副巨形广告牌在机动车道上巡回展

出，上面写着：像邓加一样，不用"皇牌"（craque；"皇牌"为药物和明星的双关语）。

"我还能画什么呢？邓加的球队里又没有大明星。"涂鸦画家杜伊姆正在里约热内卢的马拉卡纳大球场上画他的偶像济科。他的情绪可不太高。

"我们总要先看到好的结果才会去相信，但事情往往不是按这种顺序发展的。"他边画边说。

这个城市的另一面墙上则画着罗纳尔迪尼奥和一只鹅一起黯然伤神地从一辆载满球员、正开往非洲的巴士旁经过。这只鹅其实就是暗指保罗·恩里克·甘索，因为甘索（Ganso）在巴西语里的意思就是"鹅"，而且他瘦长的脸型和微微的双下巴让巴西人们更加有理由把这个绰号用在他身上。

邓加也不会同情罗纳尔多，尽管返回巴西足坛后他在科林蒂安斯有过一段出人意料的光辉岁月。对于阿德里亚诺，他则完全失去了信心。

1970年世界杯巴西队冠军球员盖尔森也对邓加置巴西足坛明星球员于无用的决定进行了严厉的批评。这头"老公象"挥舞着他的"长鼻"道："我们要去参加世界杯，却没有最好的教练。他甚至称不上是教练，只是占着教练的位置。预选赛时我们就有问题，尽管我们击败了阿根廷，事实是我们遇到了大麻烦。邓加那老顽固不愿意选用罗纳尔迪尼奥，这意味着我们要把希望全都放在卡卡身上。"

在2006年德国世界杯中，巴西队堪称一个星团。成员单上至少有5名球员是极出色的：罗纳尔多、罗纳尔迪尼奥、卡卡、阿德里亚诺和罗比尼奥。他们被誉为"魔鬼五重奏"。不料，在四分之一决赛中法国队淘汰了桑巴军团，这些大名鼎鼎的球星们最后失利了，他们的魔力也被淹没在了数百万巴西人愤怒的叹息声中。在里约热内卢的郊区甚至有极端分子焚烧了巴西国旗。

4年后，这个五人组中只剩下了卡卡和罗比尼奥。

但是，但是，但是……事实证明邓加这套古板的作风，效果并不好于前主教练卡洛斯·佩雷拉自2006年以来花里胡哨的"配搭"——最后的结果一样糟糕。开场都是相当好的，但都败在了四分之一决赛上，这次是败给了荷兰队。

盖尔森是对的。球队太过依赖于卡卡了，而他甚至在锦标赛中都没有真正找到状态。于是，邓加被解雇了，直到3年后才在阿雷格里港重返教练生涯。

他让老球星们待在家里是对的吗？不给机会让内马尔证明自己的价值是不是错了？

即使在事后一切都明朗的情况下，这个问题也并不是很容易回答。但是，科林蒂安斯队的主教练马诺·梅内塞斯在经过一次滑稽的面试过程而接任主教练后，便毫不犹豫地动员内马尔加入了国家队。

巴西足协对主教练这个职位的第一人选是墨里西·拉马略，但他无法与弗鲁米嫩塞足球俱乐部解约。于是这个宝座就授给了名单上的第二人选马诺·梅内塞斯。

"我确信马诺通往2014世界杯的这段旅程将会是成功的。"巴西足协主席里卡多·特谢拉在巴西新教练任职公告中说道。

这时候，内马尔已经在不同的国家青年球队阵容中有了上阵经历，而2010年8月10日，他终于迈进了成年队的领地，碰到了与卡洛斯·邓加打个小招呼的机会。在对阵美国队的首场比赛中，他身着淡黄色球衣，在开场28分钟时踢进了第一个球。此举让他跻身于首次在国家比赛中就进球得分的巴西球员行列，他们当中包括贝利、加林查、里瓦尔多和帕托等。

2010年9月发生的一件事，或许能为邓加把内马尔排除在世界杯国家队人选之外的决定提供支撑。内马尔发现足球世界里的跌宕起伏就像过山车一样，当你骄傲得要膨胀的时候，骄傲就变成了你做出正确选择的绊脚石。

邓加当然不会忘记内马尔在巴西杯上那一脚尴尬的勺子点球，被守门员像看一本翻开在那里的图画书那样一览无遗地看穿了他的想法，以致在甲级联赛第23轮对阵戈亚尼恩斯竞技的比赛中，主教练不让内马尔主罚点球。

当主罚点球的机会给了马塞尔（Marcel）时，内马尔的反应是转过背去，后来还在场上公然辱骂教练。在比赛剩下的时间里他们仍一直不停地争论，现场和电视机前的观众看着他们在边线内外言辞激烈地争论不休，不免表露出了极大的失望和怀疑。

布洛芬拒绝接受内马尔的这种抗议，让他出队15天，并声称等内马尔学乖一点后便可归队。这就像是一位父亲让儿子进屋闭门思过。

"我不喜欢惩罚别人，每个主教练可能都会想着如何才能把内马尔挖到自己的球队中。但这存在一个不小的问题，那就是他很淘气。我做这些都是为了他好。"布洛芬说。最后，由于可能会不让内马尔参加对阵科林蒂安斯的地方德比战，布洛芬自己被炒了鱿鱼。

这样的结局并不是所有人都能接受的。教练只是对一名骄傲而固执的球星做了他应该做的事情，却要面对这样的后果。

"这个家伙的所作所为是我不能接受的，应该做点什么才能防止他变得更加顽劣。布洛芬完全有权力斥责内马尔，他既非一名成年人也不是一个多么了不起的球员。这件事让我觉得很失望。"戈亚尼恩斯竞技的主教练雷内·西蒙斯这样说。

关于这件事，桑托斯俱乐部主席路易斯·阿尔瓦罗对本书作者表达了他的看法：

"内马尔的行为就像一个孩子，他要吃冰淇淋，但他爸爸不让他吃。这件事发生以后，我去了他家。头一天晚上他哭得很伤心，也真诚地对自己孩子气的发泄行为感到很后悔。我跟他说了一些他很看重的事情。我对他说：'你是一名很有才华的球员，作为球员你以后能赚到很多钱，但作为一个神话你才能赚到远远更多的钱。'足球运动员都有退役的那一天。等到35～38岁时，他们就不再能轻易地依靠踢球赚钱了。像贝利、贝克汉姆、齐达内和克鲁伊夫这些神话，他们一辈子都可以继续赚钱。所以内马尔应该做的就是要考虑到自己行为的后果，而不是像个孩子一样撒气，把自己的形象给毁了。当时，他确实能听懂我所说的。"

内马尔最后还是说服了自己。后来在记者招待会上就此事进行道歉时，他显然感到很难为情。

"我在这里表示道歉，我的行为很糟糕。我想向布洛芬、球队队长埃杜，还有我的队友们表示道歉。我还要像崇拜内马尔的孩子们道歉，请原谅。"内马尔说道。此外，他还透露出了父母对他这种行为的不悦。

"我妈妈对我说我已经不是她养大的那个孩子了，她说她想找回以前的内马尔。"

他回来了。

曾经的内马尔回来了，他已经变得足够成熟，懂得如何修复与布洛芬教练之间的关系了。

在与布洛芬新执教的俱乐部米内罗竞技进行了一场比赛后，内马尔从簇拥成一团的各路记者身边挤过，来到布洛芬面前给了他一个大大的拥抱，布洛芬也不计前嫌地大方接受了他的拥抱。

他心中的那头怪兽沉睡了。

今天，内马尔和布洛芬之间已完全没有了隔阂。布洛芬甚至还拿出最美丽的言辞来形容内马尔：

"坦白说，在我心里，内马尔仅次于梅西。他在许多方面甚至比罗纳尔多还要出色，他更加敏锐，决定力更强，是一名更了不起的足球天才。"

美洲之战

内马尔和巴西国家队新任主教练马诺·梅内塞斯所经受的第一次重要考验是在2011年,巴西国家队准备在南美洲的美洲杯足球赛上夺回世界杯中失去的荣誉。

这项足球赛事可以说是世界上历史最久远的陆地足球赛事了。参赛者都是来自南美洲足球协会(CONMEBOL)的国家队,另外也会邀请诸如墨西哥、哥斯达黎加和美国等美洲中北部的一些国家来参加。

这项赛事举办过42次,在2011年第43届比赛举办前,已产生过7个冠军国家。乌拉圭赢得过14次,巴西赢得过8次。面积、人口数量与阿根廷和巴西相比可以说是"小巫见大巫"的乌拉圭,其足球技艺却是异常超群。

就是这个"小巫"能一次又一次华丽地参与其中,与它的邻居们平起平坐地共舞探戈或桑巴。

南美洲第一场正式的足球赛于1867年在阿根廷英国铁路工人之间展开。第一个正规的足球俱乐部是成立于1887年的拉普拉塔体操击剑俱乐部。不到30年后，足球运动在这片土地上便开花结果和蔓延开来，进而慢慢形成了这项决定最佳国家队的美洲杯足球赛。

美洲杯足球赛的最初版本是1916年举办的名为南美足球锦标赛的比赛。参与国为主办国阿根廷、智利、乌拉圭和巴西。乌拉圭赢得了冠军，并于次年在蒙得维的亚（乌拉圭首都）续写了他们的冠军荣誉，之后才开始让其他国家也从中收获了一些乐趣。

在2011年的赛事中，巴西队绝对不是最被看好的，尽管他们是2007年的卫冕冠军。

南非世界杯第4名的成绩记忆犹新，美洲杯最后的荣誉还是属于乌拉圭，阿根廷队因为主场优势而自然收获了更多的尊重。而巴西呢？这支球队在马诺·梅内塞斯的带领下远没有给人留下多么深刻的印象，他到现在还把信念寄托于巴西足球联赛的最佳球员身上。

和巴西队分到同一小组的有委内瑞拉、巴拉圭和厄瓜多尔，正常来说这样的分组不用太担心，但是巴西队的发挥出奇地不稳定。0：0对委内瑞拉，2：2对巴拉圭，他们的表现没有任何说服力。直到最后整支球队团结一道以4：2击败了厄瓜多尔，这场比赛中内马尔和帕托各打进两球。

四分之一决赛中再次对阵巴拉圭，埃拉诺、蒂亚戈·席尔瓦、安德烈·桑托斯和弗雷德（Fred）可以说是非常滑稽地全部射失点球，除巴西外整个美洲的人们都笑得拍起了自己的大腿。在全世界的瞩目下，这样的罚球结果不得不说已是同类事件中最为滑稽可笑的了。

阿根廷国家队的情况也没好到哪里去。但在最后的冠军乌拉圭把主办者们遣送回"家"时，他们至少只有卡洛斯·特维斯射失一个12码远的球。于是，乌拉圭第15次获得了美洲杯的冠军。

"我们只有三百万人。这很微不足道，还不及布宜诺斯艾利斯或圣保罗的一个社区。但每一个乌拉圭人都有成为足球运动员的梦想，这是我们的民族使命。"乌拉圭作家爱德华多·加莱亚诺写道，他的作品包括名著《足球往事：那些阳光与阴影下的美丽》（*Football in Sun and Shadow*）。

关于乌拉圭在诸如美洲杯和世界杯这样的足球赛事中的超能发挥，已诞生出了很多解释理论。

带领乌拉圭队2011年夺冠的教练奥斯卡·塔巴雷斯相信，他们的成功与"沙鲁阿的利爪"（la garra charrúa）①有关。这是乌拉圭的土著居民印第安人在对抗西班牙殖民者的过程中殊死奋战时用过的语言。塔巴雷斯说它翻译到足球里的意思就是球员将永不放弃："永远不在比赛中表现个人的叛逆和脾气。"

正是本着这样的精神，阿尔瓦罗·佩雷拉、阿尔瓦罗·冈萨雷斯和埃吉迪奥·里奥斯等球员才能引领乌拉圭队横扫各个对手，而迭戈·弗兰、埃丁森·卡瓦尼和路易斯·苏亚雷斯只要确保自己能做到锦上添花就行。

或许老大哥巴西应该从这样的反叛精神中汲取一二。

不管怎么说，美洲杯让马诺·梅内塞斯作为一名主教练的能力受到了

---

① 沙鲁阿是南美洲南部的一支少数民族，曾居住于乌拉圭和巴西南部。——译注

人们的质疑。而且内马尔看起来也不像是能一举就把巴西队提升到"梦之队"水准的人物，他肩上背负的期望已经很沉重。

在桑托斯的俱乐部球队里，尽管贝利自己也开始会时不时地回头观察内马尔，但这位年长的传奇人物总会竭尽所能地不让内马尔在桑托斯风头过盛。

莫希干发型

"在任何人做任何事之前，猫王已经做好了所有的事。"

这是关于"摇滚之王"埃尔维斯·普雷斯利人们最常听到的一句老生常谈。

套用到足坛，这句话或许要改成：

"在任何人做任何事之前，贝利已经做好了所有的事。"

"球王"贝利当然意识到自己在足坛内的最高偶像地位，在重要比赛前他很乐意来桑托斯的训练场上串个门，给球员们讲几句鼓舞士气的话。同时，顺便向大家稍微谈谈自己和自己曾在俱乐部取得的成绩。就"球王"的伟大成就而言，他这样做显然是无可非议的。

2011年6月，在桑托斯在解放者杯上对阵佩纳罗尔队的最后一场比赛前，贝利现身训练场。1962年贝利帮桑托斯赢得解放者杯时击败的正是这家俱乐部。

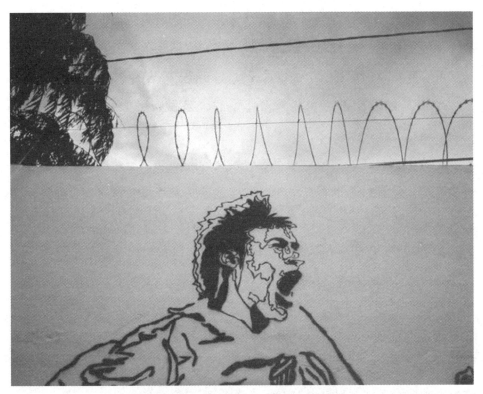

贝利中央训练场围墙上的内马尔肖像

　　他是想让内马尔及巴西其他的年轻人明白，内马尔那头时髦的莫希干发型早在20世纪就有了。贝利才是第一个留莫希干发型的人。

　　"我在1958年就发明了这个发型，他们现在都是在模仿我。"贝利半开玩笑地对内马尔说。他甚至还带来了图片作证。的确，贝利是对的。这是一张黑白的照片，里面那个纤细的小男孩确实留着莫希干发型，和他一起的是另一位传奇人物加林查。他把这张照片送给了内马尔，同时友好地在他头上拍了几下。

不管谁先发明，内马尔的发型已成为一种新风尚，他本人也成了巴西成千上万男孩的模仿对象。巴西年轻一代人中已经掀起了一股内马尔热。圣保罗青年足球锦标赛看上去就像是北美印第安部落的一场聚会。

给内马尔设计了这一莫希干造型的人是发型师兼歌手科斯梅·萨勒斯。

"当时内马尔说想要一种不走寻常路的发型。如今，每天来找我弄这种发型的人没有11个也有10个。"它显然已成为一股火爆的流行趋势，科斯梅脸上绽放着笑容。

贝利过去的发型师迪迪（Didí）的沙龙就挨着维拉·贝尔米洛球场，他也描述了人们对这一发型的强烈兴趣，并强调自己在很久之前就对此作出过贡献。

内马尔已经不再和别人有什么不一样了，也许这就是为什么他稀奇古怪的发型越来越层出不穷的原因。在效力于桑托斯时，内马尔每周拜访一次发型师，确保他每次上场时看起来都精神抖擞。

内马尔无疑成了桑托斯球队中最注重发型的一位球员了。他的主教练墨里西·拉马略曾说——应该说曾开玩笑地说，球队入场总迟到，就是因为内马尔总要久久地在镜子前摆弄他的发型。

"但内马尔这样做不是出于虚荣心，而是他要向人们展示自己的独特性。在上场以后，他所要展示的就是他的足球技艺了。"墨里西·拉马略说。

面　具

桑托斯就像是一座"球王"贝利的博物馆，药店的广告上、城市围墙的涂鸦上，他的肖像随处可见。不管是在桑托斯俱乐部还是在桑托斯这座城市，贝利都占据着巨大的空间。但当内马尔和桑托斯把巴西杯的奖杯换成了解放者杯的奖杯时，他开始从传奇的影子中迈出了一小步。2011年是内马尔作为桑托斯球员开始染上一抹神奇色彩并开始走近英雄贝利的一年。

1962年和1963年，贝利帮助桑托斯赢得解放者杯冠军，所以当桑托斯再度举起解放者杯的奖杯时，已将近时隔50年。

尽管如此，这一路走来还是颇有波折的。在解放者杯小组赛对阵智利科洛科洛竞技（Colo-Colo）的比赛中，内马尔失去了一点他的天真。当一个人年轻的时候，他会经常不懂得考虑自己行为的后果。他的行为发自本能，是天真的。而内马尔本能中最爱的就是在观众面前很好地展现自己，他喜欢通过足球来表现自己。

在内马尔过掉了科洛科洛竞技的3名球员，一脚把球挑过对方守门员头顶后，观众群中爆发出了一阵惊异和欢呼，内马尔在球门后面找到一个画有自己脸庞的面具，把它戴在脸上。如此壮观的进球显然需要一段自发且同样壮观的庆祝。

当乌拉圭裁判罗伯托·西尔韦拉亮出黄牌①时，内马尔因迷惑而显得无动于衷。这段天真而幽默的庆祝让比赛变成了内马尔的瞬间。在裁判做出这种严厉的判罚之后，内马尔把面具倒着戴在脸上更是让整个场面"悲喜交加"。

颇具讽刺的是，面具是内马尔的赞助商赛前发给观众的。

"戴面具又不会对任何人造成伤害。"赛后，内马尔困惑且沮丧地说。

而且不只他一个人这样觉得。

巴西最大广播电台尤韦姆帕恩（Jovem Pan）的博客作家路易斯·卡洛斯·夸塔洛罗写道：

"进球是足球运动的高潮部分，也是最令人激动的时刻。内马尔将进球高潮和快乐这两样东西结合在了一起，这位裁判可能一辈子都没有体验过什么是高潮。"

媒体的风向着内马尔吹，裁判却成了赛后新闻报道的讥讽对象。有一

① 原文为"yellow card"，即黄牌。但下文有提到内马尔"被裁判判罚出场"，且并未说明内马尔有吃到第二张黄牌，故疑此处或应该为"红牌"。——译注

家媒体甚至评论说，撕掉面具的足球规则才显得很白痴。此外，桑托斯也力挺内马尔。

"裁判判罚他出场确实太严厉了。"桑托斯俱乐部主席路易斯·阿尔瓦罗·里贝伊罗说，主教练墨里西·拉马略也认为裁判的反应过激了。

内马尔的私人助教爱德华多·穆萨也立即开始竭力削减此事件造成的负面影响。

"在成为职业球员两年多的时间里，内马尔只有两次被判罚出场。内马尔做的每一件事情都被摆在了放大镜下。他不过是想用一个带有自己头像的面具来庆祝一下自己的进球得分，其中既没有政治意义，也不存在宗教色彩。"

好消息是内马尔当选了这届解放者杯的最佳球员，在维拉·贝尔米洛对阵佩纳罗尔的主场决赛中打进了一个球。在决赛首回合以0∶0打平后，最终的比分为被定格在2∶1。

"这是我生命中最快乐的一天，我谱写了俱乐部历史。"赛后内马尔充满激情地大声说。

贝利呢？眼里噙着泪花欢快地跑去和球员们拥抱，他无疑也备受瞩目。

如果有人不知道贝利是谁，这肯定不是贝利的错。

完美的动作

解放者杯上的胜利让内马尔征服了整个南美洲。

他甚至被冠以"南美之王"的称号。乌拉圭纸媒《国家报》每年都会评出一名年度最佳球员奖，获奖者是能代表南美洲这片大陆上各个俱乐部的最佳球员。

贝利、迭戈·马拉多纳、济科、罗马里奥等球星都曾赢得过这个极负盛名的奖项。年代近一点的得主中则有卡洛斯·特维斯、胡安·塞巴斯蒂安·贝隆和达利桑德罗。

在颁奖仪式上，各路记者纷纷想要了解内马尔何时去欧洲发展，似乎巴不得他立马就去，但他的回答还是和以往很多次一样。

"我将在桑托斯待到2014年合同到期为止，我的梦想是和巴西一起在我们自己的土地上成为世界冠军。至于之后的事，谁能预知呢？"

在职业生涯的这个节点上，内马尔直截了当地否定了所有有关他将转会欧洲足坛的各种流言和猜测。

2011年了不起的成就更是带给了内马尔更多的光环。7月27日的巴西甲级联赛中，内马尔让现场和电视机前的观众都惊呆了。

有些进球，无论重复多少次都不会变得平淡。它们长存于足球历史中，或留在记忆里呼之即出，或在视频网站上一次又一次地被人们点击观看，比如：迭戈·马拉多纳在1986年世界杯上对英格兰队的连过五人进球，20多年后里奥内尔·梅西对赫塔菲的类似进球，贝利在1970年世界杯决赛中对意大利队的头球……不错，选一种你自己喜欢的。

当桑托斯在维拉·贝尔米洛球场以3∶0领先弗拉门戈时，内马尔的进球无疑不同于以往人们所见到过的任何一次。就那几秒钟的时间内，内马尔似乎重新发明了足球。他最后的运球纯粹来源于他的发明。而且他不需要为此申请专利，因为它是不可能被模仿的。比赛最后的比分是4∶5，弗拉门戈队的罗纳尔迪尼奥打进了三球。但将长留在人们记忆中的却是内马尔的那一脚进球。永远如此！

这个进球压倒了里奥内尔·梅西和韦恩·鲁尼的进球，获得了国际足联"2011年度最佳进球"普斯卡什奖。这个奖项的评选标准之一就是进球必须漂亮，而这正是内马尔的进球可以对号入座的一条。

"我很高兴能在两位了不起的球员面前赢得这个奖项，这两位都是我崇拜的偶像。我觉得这次进球是我最棒的一次进球。我从左侧得到球，运过两位球员后，把球传给队友。我们玩了一个二次转移，我过掉了两名对手，不知不觉地让球滑过守门员，全都是因为这个完美的动作。"内马尔在颁奖仪式上说。

对，就是这个完美的动作。

这是他和防守球员周旋时的最后一个动作。正是这个动作让他从天花乱坠的宣传中变得具体有形。贝利曾有过如此完美的动作吗？对于这点你可以持有不同意见，人们确实也看法不一。有人曾让桑托斯传奇人物佩佩（Pepe）来对比贝利和内马尔。

"我不想拿别人来和贝利做比较。他是独一无二的，他是我所见过的唯一完美的球员。我和他共赛过很多次。"佩佩坦言道。

尽管内马尔获得了"南美之王"的头衔和世界最佳进球的奖项，赛季最终结果显示的却是世界绝对精英还没有真正到来。

2011年12月，桑托斯在解放者杯中收获冠军后来到日本参加世俱杯比赛。这项比赛旨在从来自世界各个大陆的冠军俱乐部之间决出一支世界最佳球队。

就是在这里，内马尔将首次在万人瞩目的巴塞罗那队和里奥内尔·梅西面前证明自己。

对阵日本柏雷素尔队的半决赛中，一次漂亮的中圈远射让内马尔信心满满地进入了和巴塞罗那队的决赛。而且，内马尔深得日本球迷的喜爱，他们戴着和内马尔发型一样的帽子表达对他的支持。

"我第一次来到日本是和国家青年队一起，现在那里的很多人都知道我了，这是我不曾想到的。"内马尔在决赛前的一次记者会上说，并把这场决赛述说为一场正在等待他的挑战——尤其是与里奥内尔·梅西及防守中坚卡莱斯·普约尔的对决。

"梅西曾使我大受鼓舞，不仅是他，还有罗纳尔迪尼奥和罗纳尔多。但梅西所做的一切非常能打动人，在我的足球世界里他排在第一。我模仿了一些他的动作。普约尔也是一位巨星级球员，我在视频中多次看过他，这次能和他对阵我很荣幸。他是位不错的队长，不过我会尽力给他制造点麻烦。我期望同他握手，我还希望能和他互换球衣。"19岁的内马尔说。他正在享受着实现他最了不起的一个梦想的过程。

"决赛不仅对我很重要，对我的队友们也很重要。我们可以为俱乐部的历史翻开新的一页。但是我很淡定，我并不紧张。我来这里就是为了踢这场决赛的。对阵世界最佳球队这个梦想已经实现了。同时这也是为了实现我们成为世界最佳球队的梦想。"

在决赛开场的几分钟内，内马尔多次有机会给巴塞罗那和梅西施加压力，让梦想成真。但他错过了机会，让巴塞罗那占了主动，结果桑托斯很难堪地以0∶4完败收场。巴塞罗那赢了桑托斯，梅西赢了内马尔，这个结果全世界没人能够否定。赛后内马尔面见媒体时，谦卑中略带几分疲惫。

"我不知道巴塞罗那是否真的不可能被打败，但他们确实是世界上最好的球队。今天他们教会了我们怎样踢出高水平的足球。巴塞罗那是非常优秀的，他们的球员都极为出色。但我们能来到日本也是攻破了很多壁垒和挑战的。我们成了世界第二，所以我觉得今天我们也是有所收获的。"在汲取了这次教训之后，他诚恳地说道。

而在过去，一般都是巴西人在教全世界怎样踢足球。

恐龙的阴影

坐落于圣保罗高地绿色区域的帕凯姆布体育场，以其巨大的混凝土"野兽世界"而闻名于世。

球场前方是查尔斯·米勒广场。

如果说足球是巴西的"国教"，那么查尔斯·米勒广场堪称是他们的"圣地"。这位使足球在巴西发扬光大的先驱被认为是巴西的"足球之父"。

1893年是巴西足球的历法元年。该年，20岁的查尔斯·米勒还是圣保罗的铁道工人。当他从当时就读的英国南安普顿大学回到桑托斯外港的时候，他随身带了两只皮制足球、一堆球衣和一套足球比赛规则。

19世纪末20世纪初，回到圣保罗的查尔斯·米勒成立了圣保罗竞技俱乐部（São Paulo Athletic Club）和圣保罗州足球锦标赛，后者被认为是巴西最早的州内锦标赛。米勒在圣保罗竞技队司职前锋,他帮助球队在1902年、1903年和1904年首次获得圣保罗州锦标赛三连冠。

米勒是一个非常棒的球员。他发明了一种名为"水壶技法"(chaleira)的球场障目小把戏,可以用双脚盘带移动球,向后挑起,使球越过头顶。内马尔也将它沿用至今,通常它能让对方后卫吃个大空,从而带球顺利突破防守。这个戏法在室内足球比赛中也十分常见。

查尔斯·米勒沿袭了英国一家足球俱乐部的名字,为圣保罗的一家俱乐部命名为科林蒂安斯。数年之后,后者以数以百万计的会员,成为世界上最大的足球俱乐部之一。2012年,科林蒂安斯在世俱杯中以1∶0胜了切尔西,成为当年的世界最佳球队。

时至今日,查尔斯·米勒在巴西球迷的心里仍占据一席之地。

在巴西,数十年间,足球仅是上流白人社会的一项运动,不过随着它的大量普及和流行,其他有色种族的选手也逐渐被俱乐部接受。

第一个入选巴西国家队的有色种族选手是黑白混血儿亚瑟·弗雷德里奇,早于"球王"贝利多年,他就被认为是那时当之无愧的"球王"。他现今粉丝里的铁杆球迷依旧宣称,弗雷德里奇的进球得分纪录远远超过了贝利。由于他的肤色原因,那时的弗雷德里奇被禁止参加社会活动和聚会,甚至无法出入游泳池和网球场。

在19世纪20年代之前,黑人选手甚至还没有出现在比赛的出场名单中。

在一次偶然的机遇中,巴西参加了世界杯,那时没有任何迹象可以断言巴西足球的未来将会何去何从。1930年的首届世界杯在乌拉圭举办,几支欧洲球队宣布参战。有着优秀南美选手的巴西,作为争夺世界杯冠军的热门国家参加了比赛。但事实并非如人所愿。 与南斯拉夫的首轮比赛巴西就以1∶2不敌对手而提前打道回府了。 巴西在世界杯上这孤单的1个进球归功于瓦斯科达伽马队的前锋福斯托·多斯桑托斯——黑人的一次奇迹。那届世界杯以乌拉圭的夺冠而告终，如之前所说的，这并非是乌拉圭这个邻国小弟最后一次戏弄他的老大哥巴西。

各类有色种族的球员进入俱乐部也是一个缓慢的过程。但是对于瓦斯科达伽马队来说，让多斯桑托斯这样一个黑人传奇作为前锋并非巧合。

葡萄牙殖民者在里约热内卢成立的这家俱乐部是第一家接受黑人球员的大型俱乐部。1923年的里约热内卢州联赛，瓦斯科达伽马队这支由黑人、白人和黑白混血队员组成的球队获得了冠军。一支球队反映出一个国家的多样性，巴西就像一个巨大的基因库。事实上，早在1905年，就有一个名叫班古（Bangu）的里约热内卢小型俱乐部打破了这一种族障碍，但是很可惜，这在那时并没有获得过重视。最迟一家开始接纳黑人球员的俱乐部为弗鲁米嫩塞，是里约热内卢最有钱的贵族俱乐部，他们直到20世纪50年代才开始接纳黑人球员。

即便如此，黑人球员还是为他们自己踢出了最好的成绩。

1934年的世界杯，另一位黑人运动员为巴西斩获了一球。他便是绰号为"黑色钻石"的莱昂尼达斯·达·席尔瓦，倒挂金钩射门技法的发明者。他在第一轮对阵西班牙的比赛中为巴西进了唯一的一球，虽然结果是巴西以1∶3不敌西班牙被淘汰出局。巴西队的另一名球员瓦尔德马·德·布里托，在比赛中错失了一记12码处的罚球，但巴西人民还是原谅了他。因为在1955年，作为巴西队教练的布里托向桑托斯介绍了一个名叫埃德森·阿兰特斯·多·纳西门托的黑人小男孩，这个男孩就是后来的"球王"贝利。

数年之后，罗比尼奥和内马尔的老师贝蒂尼奥，被著名的巴西体育节目解说员米尔顿·内维斯称作"新一代的瓦尔德马·德·布里托"。

巴西人对于足球的历史了如指掌，它的足球史同时也是这个国家的历史。

在经历了两次世界杯的失利之后，从1938年的法国世界杯开始，巴西真正步入了世界一流足球大国之列。这尤其要感谢莱昂尼达斯·达·席尔瓦，这位7个进球的贡献者，他因巴西队斩获了铜牌而成了全民偶像。他成了衡量足球巨星的一个标准，至今人们也是用他作为尺度来衡量内马尔的。这颗"黑色钻石"成了巴西的第一张王牌，当时他的受欢迎程度甚至超过了足球本身。

二战之后的首届世界杯是在巴西本土举办的。

在四强循环淘汰赛中，巴西以7∶1横扫瑞典，以6∶1完胜西班牙，直冲决赛。根据当时以积分定胜负的规则，巴西只需要在比赛中和乌拉圭打成平局便可以夺得世界杯冠军。然而，世界杯历史上的又一个惊天冷门诞生了，乌拉圭以2∶1逆转胜出。1950年6月16日成了巴西球迷永恒的创伤。在这座可容纳20万球迷的马拉卡纳体育场里（国际足联声称当时有173850人到场观战，另一说法称有199854人到现场观战），巴西经历了一场震惊世界的失败，世人称之为"马拉卡纳惨案"。

也许这场失意成了巴西国家队的污点，因而抑制了其后来的发挥，在1954年瑞士世界杯的四分之一决赛上，匈牙利对战巴西时以4∶2出线，这场失败被称为"伯尔尼之战"。在瑞士首都——"熊城"伯尔尼，6万观众亲眼目睹了这场世界杯史上最具戏剧性的比赛之一。这场血腥味十足的比拼在比赛结束后依旧继续——巴西球员闯入匈牙利球员的更衣室，像战争中的野蛮人一样暴打了他们的对手。

"我觉得这可能是史上最好的比赛，我像是站在世界的巅峰。我不知道政治或者宗教对此怎么看，但是这些球员完全像野蛮的动物，这是一场耻辱的、糟糕的比赛。"比赛的官方发言人亚瑟·埃利斯如此说道。

那时的匈牙利有着当时可能是全世界最好的球员费伦茨·普斯卡什。

普斯卡什对进球有着贪婪的欲望。他的职业生涯中共有616个进球。仅仅在1958年到1966年间的262场比赛中，当时效力于皇家马德里的普斯卡什就一共打进了242个进球。以他的名字命名的普斯卡什奖用以表彰年度最佳进球运动员可谓实至名归。

1958年的瑞典世界杯上，巴西的出场显然比以往要胸有成竹得多。

巴西足协的新任主席若昂·阿维兰热，和当时新提名的巴西队主教练维森特·费奥拉针对国家队的状况设立了一个全新的标准。

球员们收到了一份清单，里面标注着世界杯比赛期间严格禁止的40项事情。比如球员们在穿着正式球衣时严禁吸烟，以及他们不可以在指定时间之外和新闻界接触。他们不可以戴帽子，甚至不能带伞！

巴西队也是唯一一支有心理学家随行的球队。1950年和1954年的两届世界杯阴影仍旧笼罩在巴西国家队的上空。由于多数球员出身贫寒，巴西队还有随行的牙医，以避免牙痛问题影响队员们在球场上的发挥。在世界杯比赛开始的前一年，巴西队的国脚们甚至就被送到了欧洲，熟习各个对手国家的打球风格。他们想得十分周全，之后这些准备也发挥了显著成效。

在最后的决赛中巴西以5：2完胜瑞典队，赢得了世界杯冠军。当时年仅17岁的贝利和弯腿盘球大师加林查使足球发生了彻底变革，不过其他的队员也有着十分出色的表现。他们包括：守门员希尔马尔；史上最棒右后卫之一，1954年、1958年和1962年三次成为国际足联全明星队成员的德扎马·桑托斯；防守队员贝利尼、奥兰多和尼尔顿·桑托斯；"伯尔尼之战"中发挥神勇的迪迪（Didí）；防守中场齐托；以及前锋扎加洛、瓦瓦（Vavá）和贝利、加林查这两个新的国际巨星。他们以 4–2–4 的战术阵型横扫瑞典国家队。

4年之后的智利世界杯，巴西队除了一些小改变，球员平均年龄略有增加，以及球队主教练费奥拉因为心脏问题退休之外，基本保持完好。贝利在比赛早期受伤之后，加林查更高水平的发挥成了这场胜利的主要原因。

半决赛中加林查的两个进球直接使巴西队以4：2战胜智利队。"加林查来自于哪个星球？"智利的《信使报》惊呼道。

加林查，这个深受大家喜爱的盘球大师从来不怎么关心战术问题，他在决赛前还会问他的队友："这次我们的对手是谁？"

他对于比赛本身可能没有什么控制欲，但他对于足球绝对有，甚至比那个时代的任何其他球员都要更加强烈。在决赛中，巴西队由状态火热的加林查率领，以3：1战胜捷克斯洛伐克夺得世界杯冠军。

上了年纪的巴西国家队在1966年的英格兰世界杯上的表现是颇让人失

望的，但是巴西足球在4年之后的墨西哥世界杯上迎来了它的巅峰时期。先后在1958年和1962年的世界杯以球员身份成为传奇的马里奥·扎加洛，这次作为主教练统领巴西队，这支球队里既有一批风华正茂的伟大球员，也有因第四次参加世界杯而有些气盛的贝利。足球因英国人而被创造，但却因巴西人而变得美丽。

1970年的世界杯被描述为一届足球赢回其灵魂的赛事。没有人比巴西更擅长进攻，决赛中，巴西队由贝利、格尔森、雅伊尔津霍、卡洛斯·阿尔伯托·托雷斯创造了4个进球，以4：1的比分让对手意大利输得心服口服。托斯陶、里维利诺和其他几个球员一起为桑巴足球奠定了根基，他们也成了未来几代巴西球员必须努力追赶的典范。

巴西国家队被认为是史无前例的优秀球队，而贝利也因为3次获得世界杯冠军奖杯被人们视为史上最伟大的球员。3座雷米特杯[①]是如今巴西人最为珍视的财富。尽管1983年的时候奖杯曾被偷，不过所幸后来找回来了。

这一届世界杯后，29岁的贝利正式从巴西国家队退役。巴西足球也陷入了前所未有的低谷，他们的下一个世界杯冠军奖杯足足等了24年。

同1982年那样，汇集了济科、罗伯托·迪纳米特、儒尼奥尔、苏格拉底和法尔考这些世界级球星的巴西队也未能赢得世界杯冠军。

而主教练克劳迪奥·科蒂尼奥和特莱·桑塔纳（除了1982年那场著名的世界杯外）从未体验过整个国家因足球而沸腾的氛围。"当然我也希望能赢得世界杯，但我没有因为未能捧回世界杯而受到打击。我曾经有过三

---

① 1970年之前的世界杯冠军奖杯，后改为大力神杯。——译注

次参加世界杯的机会，所以我也不能抱怨上帝给了我这样的经历。或许我根本不知道如何才能赢得世界杯。"济科如此说道。

20世纪80年代，巴西的经济陷入了低迷，足球俱乐部没有办法支付球员们的薪金，那些顶尖的球员几乎都离开了巴西。人们也逐渐开始舍弃这项运动。比赛看台上往往只有一半观众，而赛场上的比赛通常会以斗殴结束。

20世纪90年代早期，巴西足球仍旧处在一种不良状态。这项运动虽对巴西的历史产生了决定性的作用，但它的拥护者们却已经不像从前那么狂热。

内马尔出生的1992年，当时美洲杯的冠军和世界杯的亚军都是巴西人强劲的宿敌、擅用杀伤战术的阿根廷。

就好像这还不够可恶似的，阿根廷还有一个矮小健硕的绿茵魔术师，巴西人对他既看不上眼又暗暗叹惜他是巴西国家队的该多好，他的名字叫迭戈·阿曼多·马拉多纳。

足球巨星的黄金时代到来了，他们重塑了足球在20世纪50年代、60年代和70年代的辉煌。

巴西在1994年世界杯上的夺冠建立在一种几乎不是巴西打法的风格上，这是由当时的国家队主教练卡洛斯·佩雷拉开创的。而球员罗马里奥在极好状态下踢出的一球让人忍不住联想起旧日的桑巴美好时光。这届世界杯的全明星队伍里就包括了4个巴西人，其中有3个是防守球员。他们是防守球员尤尔金霍和马里奥·桑托斯，中场卡洛斯·邓加，当然还有前锋罗马里奥。

1998年，时年67岁的马里奥·扎加洛再一次为巴西站在了球场边线旁。这次他带了一支让人惊喜的天才球队来到法国，其中就有一组如雷贯耳的名字，如罗纳尔多、里瓦尔多、罗伯托·卡洛斯和贝贝托。最终巴西队在决赛中由于失误，以0∶3输给东道主法国，而那一年的法国向全世界隆重推出了一个激动人心的名字——齐内丁·齐达内。

2002年，凭借传统的技术优势，巴西第5次夺得了世界杯冠军。幸运的是，国家队主教练路易斯·菲利佩·斯科拉里带领出了一大批黄金一代的球员，如罗纳尔多、里瓦尔多、罗伯托·卡洛斯、罗纳尔迪尼奥和丹尼尔森，甚至还有年轻的卡卡。

2002年的世界杯决赛给了年幼的内马尔非常大的震撼。

"是世界杯给了我如此巨大的影响。我对决赛的记忆特别深刻。我们半夜起来看巴西队比赛。我爸爸设好闹钟，调好台，叫我起床，问我是否愿意看足球比赛。答案当然是我愿意啊！我们一边吃爆米花一边看球。后来我剪了一个罗纳尔多式的发型。"内马尔在接受巴西《兰斯体育报》的采访中如此说道。

罗纳尔多的这个怪异发型是把所有的头发都剃掉，只在额头上留一小撮。

世界杯无疑给了10岁的内马尔以最初的想象。

"你几乎不可能不去想，如果你去踢世界杯会是怎么样。"

2006年和2010年的世界杯，虽然巴西队都打进了四分之一决赛，但并没有走得更远，这对于巴西来说不能不算是巨大的失利。

1994年到2007年之间，足球界最具声望的大奖——金球奖，6次颁给了巴西球员，无疑令人印象深刻。但是从那以后，巴西渐渐地不再"出产"真正伟大的球星，取而代之的是西班牙。葡萄牙人C罗和阿根廷人里奥内尔·梅西分别获得了世界上最伟大和最有天赋的球员称号。巴西人是多么希望他们也是巴西球员啊！

世界上没有一个国家可以像巴西一样，拥有如此色彩缤纷的足球画廊。

巴西就像是足球的侏罗纪公园。这个足球恐龙们所在的国家非常了不起，而这些恐龙们也永远不会被世人遗忘。

正是在这里，无数足球史上的伟大球星度过了他们足球生涯的最初成长阶段。

圣保罗州或许是世界上拥有足球故事最多的地方，正是以下这些伟大球星们的故事让世界了解到了巴西足球的伟大之处，他们是：

贝利（包鲁）、里瓦尔多（摩吉米林）、里维利诺（圣保罗）、苏格拉底（圣保罗）、卡卡（圣保罗）和内马尔（摩基达斯克鲁易斯）。

再往南部的阿雷格里港，你可以听到罗纳尔迪尼奥的故事。

而在里约热内卢，你可以找到加林查（离里约热内卢不远名叫马赫的小村庄），莱昂尼达斯·达·席尔瓦、迪迪、济科、罗马里奥和罗纳尔多。

用过去来衡量内马尔和他这一代球员可能过于沉重，但这同时也说明了这些年轻人正是站在巨人的肩膀上去奋斗。前人铺平了道路，成了后辈们不断进步的灵感源泉。

如果内马尔能够创造出一些伟大的成就，他便可以成为这些伟人中的一员。

"天才"的遗赠

"我实在很抱歉！在我最后一场为国家队效力的15分钟告别赛上，我获得了3次得分机会，但我一个球都没有打进……"

罗纳尔多·路易斯·纳萨里奥·德·利马站在圣保罗帕凯姆布球场中央，像总统那样面对着35000名观众做告别演说。停了一会儿后，他的声音变得略微颤抖："我感谢你们在我足球生涯中为我做的每一件事。这些年来你们和我同欢乐共悲伤。未来我一定会再见到你们，不过是在足球场之外了。"

一直以来，罗纳尔多就拥有比他最后15分钟荣誉更多的东西。2011年6月的告别赛，他被赋予了比他在世界杯15个精准进球更多的荣誉，巴西国家队强调近年来他在巴西足球中的巨大作用。拥有两届世界杯冠军头衔，3次被选为世界最佳球员的罗纳尔多其实并不需要道歉。

罗纳尔罗告别赛场

在和罗马尼亚的友谊赛上，罗纳尔多能够很好地适应内马尔和罗比尼奥的短传渗透风格，他谈起自己时这样说道："我获得了很多次机会，至少也该进几个球。"但是他身体的攻击本能已经过了巅峰期了，无论是实际情况还是隐喻，他的状态都不再适应国家队的比赛了。足球不再是他最亲密的伙伴，在他射门的时候拒绝进入球网。球迷们在比赛过程里为他唱歌为他鼓掌，所有一切在这一刻都显得无足轻重了。但是，当他像一个街头艺人那样站在圣保罗闹市中央时，他还是收到了一些沙哑的嘲笑声。即便是对于他们最伟大的英雄，球迷的宽容也是有限的。

"我只想让球在我的脚尖转动……"比赛前罗纳尔多露出标志性的笑容，略带沉重地自嘲道。

比赛之后，他披着巴西国旗，伴着马塞洛·D2的《罗纳尔多之歌》（*Sou Ronaldo*）围着球场慢跑。

一切都结束了，他已经34岁，但火炬必须要有人传承，新的故事需要有人继续书写，新的英雄将被庆贺。毋庸置疑，他的离开必将有人来代替。颂词结束后，他对内马尔有一番温情的期待。

"内马尔是一个不可思议的足球天才，他在体能和球技上还可以继续发展。我认为内马尔可以成为巴西国家队的未来。"

罗纳尔多有足够的理由做出这样的评价。

* * *

20世纪80年代中期，当费尔南多·卡瓦略建议罗纳尔多专注于踢球的时候，罗纳尔多的母亲对此并不感到开心，她不知道她眼中这个皮包骨头的兔牙小男孩将会是巴西历史上最伟大的足球天才之一。

"她不想让儿子踢球是因为她买不起足球设备，她希望罗纳尔多能专心学习。"费尔南多·卡瓦略这么说道。

起初，费尔南多·卡瓦略帮助罗纳尔多在拉莫斯社会（Social Ramos）俱乐部找到了训练的机会，后来又转去了瓦尔库勒（Valqueire）。

罗纳尔多的家里并没有资助他任何东西，在朋友的帮助下，他拼命努力，终于有了出路，离开了贫民窟。

他在圣克里斯托旺市少年队时的教练——里约热内卢的另一个知名球星——罗伯托·加利亚诺内看到了他身上不一样的天赋。

"我记得那是1991年的圣诞节。罗纳尔多在我家，大家一起聊着未来。他那时最大的愿望是拥有一双耐克鞋。"罗伯托·加利亚诺内回忆道。

16岁那年，罗纳尔多代表克鲁塞罗队首次上场正式比赛，完成了个人职业生涯中的处子秀。前两个赛季，他就创造了出场58次踢进56球的非凡成绩。克鲁塞罗俱乐部无法长久留住一个如此超凡的足球天才，于是在罗纳尔多17岁那年，他转会去了荷兰的顶级足球俱乐部埃因霍温。从那时开始，罗纳尔多的双脚踏上了欧洲的土地。

和他一起去闯荡的还有另一个巴西足球天才，亚历山大·卡兰廓（Alexandre Calango）。

"当我因难以适应荷兰的气候和语言而选择回巴西的时候，罗纳尔多已经迅速地融入球队了。"卡兰廓说。

罗纳尔多对寒冷的气候和文化冲突感到了厌倦。他接下来的足球生涯已经被大家熟知了：他成了一名先后为埃因霍温、巴塞罗那、国际米兰、皇家马德里以及巴西国家队效力过的顶级球员。他成了世界冠军球员，世界顶级球员。

他后来还为很多公司和品牌做过代言人，如博浪啤酒和他还是一个小男孩时就梦想穿上的耐克鞋，并从中赚取了大笔钱财。他也成了南极瓜拉那（Guaraná Anearctical）软饮料公司的形象代言人。

在罗纳尔多享受完告别赛的掌声之后，他径自跑向了更衣室，以一个普通人的身份经营起他自己的9ine体育经纪公司——一家致力于运动员和赞助品牌广告战略的公司。

你不必非得成为一个品牌战略专家，才能知道内马尔可以凭借他的名声和形象，也有无限的可能性四处赚钱。2011年4月，罗纳尔多同内马尔签订了肖像权合同。一年之后，内马尔与巴西超级富豪埃克·巴蒂斯塔的IMX娱乐公司签订了一份国际肖像权合同。

内马尔和桑托斯续约签至2014年世界杯，可以看作是罗纳尔多同内马尔签订协议的理由之一。内马尔是罗纳尔多的老赞助商——南极瓜拉那（巴西可可）广告的主角。

在这则广告里，内马尔坐在日照的沙滩上被问道为什么他不去欧洲踢球。"欧洲？"内马尔带着一脸的疑惑回答，然后他想起了一些南美洲人关于欧洲大陆连绵之雪，以及显然永远都只能吃鱼和炸薯条的噩梦。

这则广告无异于告诉欧洲俱乐部别打内马尔的主意。

这完全是与时代保持同步的。

但是与欧洲人之间的战役发生在多年之前，那时人们怎能想象到内马尔的"横空出世"。

玻利瓦尔

为了使命，他们选择了所有路径中最艰难的那一条。

1819年，委内瑞拉反对派的一支革命军在冰天雪地中爬上了在委内瑞拉和新格林纳达（现哥伦比亚）之间的帕拉莫皮斯巴（Páramo de Pisba），这座4000米高的山峰是安第斯山脉中最难翻越的高峰之一，这些攀越者和他们的马匹在极端恶劣的气候下走完了这段危险的旅途，全程充满了冰冷的风雨、危险的峡谷、暴虐的大雪和河谷上那些深不可测的浮冰。2500名革命军勇士中，有许多人在这次穿越中丧生，其中包括一些参与这场反抗的轻武装印第安人。

这支队伍的首领，一个35岁的委内瑞拉人，在这之前已经为抵御西班牙对南美的殖民统治而斗争了8年。他是反对派里的先锋，他的名字叫西蒙·玻利瓦尔。他愿意为解放南美洲付出一切代价。

1494年，葡萄牙和西班牙——当时世界上的海军超级大国——在罗马教皇的仲裁下，签署了《托德西利亚斯条约》，这个条约规定了两个国家在新发现领地上的主权归属问题。这就像现在两家公司为了获取主要利益而实行的市场垄断。正是这份条约，奠定了现在的南美洲分为主语为葡萄牙语的巴西，和其他讲西班牙语的国家两个部分。这条从大西洋开始，划过南美洲大陆的分界线决定了各个国家的不同命运。葡萄牙人获得了分界线以东的地域，而西班牙人获得了分界线以西的地域。

正是这样的世界秩序，让西蒙·玻利瓦尔下定决心通过他的英勇斗争率领南美人民推翻殖民统治。

直至今日，他的故事依旧激励着南美的政治家和领袖们，甚至也影响了内马尔的人生历程。玻利瓦尔的名字被南美一个国家和好几个城市用来命名，此外玻利瓦尔本人可能没有预料到的是，一个玻利瓦尔本国的足球锦标赛便被命名为西蒙·玻利瓦尔杯。他作为众多与西班牙人斗争的英雄中的一个，激励了南美最大的足球赛事组织者们，该赛事因此被命名为南美解放者杯。委内瑞拉的已故总统雨果·查韦斯将委内瑞拉的官方名称命名为委内瑞拉·玻利瓦尔共和国。玻利瓦尔主义甚至成了南美洲国家对维护国家主权、对抗西方帝国主义的一种描述。

这么多不同的地方和事物都和玻利瓦尔的名字有瓜葛，这中间确实有个故事。

西蒙·玻利瓦尔于1783年7月24日出生于委内瑞拉首都加拉加斯的一个地主之家，这个含着金钥匙出生的富家子，却在3岁之前丧父，6年后母亲也过世了，于是9岁的他便成了一个孤儿。

　　于是，抚养玻利瓦尔的任务便落到了他舅舅的身上，不过真正塑造了玻利瓦尔的是他的老师西蒙·罗德里格斯，正是此人带给了玻利瓦尔他那个时代从法国和美国舶来的哲学思潮、自由思想、民主主义和人权意识。

　　在南美洲，除了巴西外的国家自1492年哥伦布在巴哈马群岛登陆之后，就一直掌控在西班牙殖民者手中。这些被殖民国家可分为4个区块，由总督代表身在马德里的西班牙国王进行统辖。

　　1797年，玻利瓦尔的导师西蒙·罗德里格斯被驱逐出境，因为他被指控参加了加拉加斯一场对抗西班牙政府的阴谋。那场判决是在向西班牙人射飞镖甚至交火中结束的。没有了让他心灵震撼的导师，西蒙·玻利瓦尔被他的叔叔送去了军校读书，之后他游学去了欧洲。在巴黎，他亲眼目睹了革命英雄拿破仑·波拿巴的加冕礼，也亲身感受了人民对自由、平等和兄弟般情谊的高度热情。

　　此番景象在青年玻利瓦尔心里留下了深刻的烙印，他无比渴望自己的父老乡亲也能拥有类似的快乐和自由。

　　1807年，玻利瓦尔返回加拉加斯，3年后当当地人起来反抗西班牙人时，他成了其中的领导人物。这场对抗殖民力量的战争在次年变成了现实，时年30岁的玻利瓦尔成了这场反抗战争的领袖。人民爱戴他，不仅因为他精妙的战时策略，还因为他激情洋溢的演讲。他被人们亲切地称为"民族解放者"。

　　通往胜利的道路充斥着难以计数、艰苦卓绝的战役。直到1819年，那场盼望已久的胜利，在玻利瓦尔计划横跨安第斯山脉、给新格林纳达首都波哥大的西班牙人一记措手不及之时，才终于到来。这个计划几乎是被无条件执行的，很多在攀越山峰过程中丧生的士兵被那些心甘情愿准备追随这个年轻的反抗军领袖的步兵所代替。

1819年8月7号，由何塞·玛利亚·巴雷拉（José María Barreira）率领的西班牙军队，向波哥大急速前行，意在切断反抗军。在匆促间，西班牙军队分成了两部分，玻利瓦尔下令他最信赖的士官们作为前锋去突袭前面的军队，他再率领大家去攻击剩余的西班牙士兵。波哥大成了无主之城。玻利瓦尔到达波哥大后，发现西班牙总督连储藏室的黄金都没带，早已落荒而逃。这场持续数年的自由之战至此终于有了资金保障。

波哥大之战成了玻利瓦尔率领人民解放南美的关键转折。西班牙将军向西班牙王室请求增加军队支援，结果却杳无音讯。于是越来越多的西班牙人认为，这片大陆上的西班牙殖民地几乎要保不住了。1821年9月7日，西蒙·玻利瓦尔当选为大哥伦比亚共和国的首任总统，共和国版图包括了今日的哥伦比亚、巴拿马、委内瑞拉、厄瓜多尔以及秘鲁北部和巴西西北部。

从1500年葡萄牙探险家佩德罗·阿尔瓦雷斯·卡布拉尔的帆船到达赛古鲁港口、看到海平面上的蒙特帕斯考尔开始，巴西就成了葡萄牙的殖民地。直到1822年，巴西国王仍由葡萄牙王储佩德罗一世兼任。

9年之后，这位不受人民欢迎的皇帝佩德罗一世退位，转而辅佐他5岁的儿子佩德罗。1841年7月18日，多恩·佩德罗二世加冕为国王，而在此之前，多亏了辅佐他的那几位摄政王们执掌巴西政权。在佩德罗二世统治期间，奴隶制被废除，连皇帝自己也没有了奴隶。他非常受大众欢迎，并被认为是一个现代化的开明统治者。1889年11月15日，他被代表平民的共和党人及部分武装力量在一场相对平和的武装政变中废黜王位。

佩德罗二世知道他命中注定将是巴西的最后一个皇帝，所以并没有做太多的反抗斗争。

那些遗留的旧殖民势力也离开了巴西，这个国家从此走上了独立民主的道路。

巴西足球的玻利瓦尔

"相对于巴西足球的新篇章，我已经成为过去。当我为了内马尔的争夺战把欧洲拒之门外时，我在某种程度上就像是西蒙·玻利瓦尔。"桑托斯俱乐部主席路易斯·阿尔瓦多·里贝伊罗说道。他说这话的时候很严肃。

这话是2011年里贝伊罗再度当选为桑托斯俱乐部主席的时候，在位于桑托斯主场维拉·贝尔米洛的办公室里说的。就像刚刚获得一场战役大捷的将军一样，他心情愉悦，流露着自信。对，这是最接近的比喻了。

他再次当选主席后的第一个动作就是和内马尔签订了直至2014年世界杯的合同。这让这个魅力非凡的主席内心获得了巨大的满足，他也成了那些对内马尔大献殷勤、多年来一直梦想获得其青睐的欧洲球队的眼中钉。

一年半之后，当内马尔与巴塞罗那俱乐部签订了一份为期5年的合约时，仿佛整个世界有了本质的变化。本章的采访意在告诉大家，桑托斯俱乐部，特别是其主席当时有多么危在旦夕。有些话会在事后犹如马后炮，但有些话，却会为公众了解镜头背后的内马尔争夺战提供独特的见解。

那时关于内马尔去向的采访，为坊间流言提供了最多的支持。但是桑托斯对于流言的反应，展示出了其异常强大的能量和自信。

加泰罗尼亚的《世界体育报》报道说内马尔去了巴塞罗那队。

内马尔对此表示无语："我想我到现在已经被卖了30次了！"

对桑托斯俱乐部主席而言，这故事听起来有点莫名其妙。他用尖锐讽刺的字眼粉碎了这则传闻。

"加泰罗尼亚人特别有创造力。很多伟大的艺术家就出自那里，像高迪、米罗和达利。但问题是，幻想和现实之间隔了一整个大洋。"

马德里的《马卡报》也大篇幅地报道内马尔正在通往皇家马德里的路上。根据该报的描述，在官方公布内马尔被6000万欧元买断之前，内马尔就已经前往圣保罗接受体检了。对此，桑托斯方面拒绝以任何方式澄清此事是否属实。

"内马尔在为他所热爱的球队效力，他在桑托斯度过了他的少年时光。在这里，他和他的奶奶、父母住在俱乐部附近。为什么要改变现状转会去皇家马德里，还要投靠一个像何塞·穆里尼奥一样喜怒无常的主教练呢？在那里内马尔可能要被送去剪掉头发，或者在球场上当后卫，但在这里他完全可以随心所欲。"路易斯·阿尔瓦多·里贝伊罗说。

里贝伊罗主席坐在他会议室椭圆形长桌的一端，对他为什么要留住内马尔，而不是送他去欧洲球队以增加桑托斯俱乐部的收入解释道。

路易斯·阿尔瓦多·里贝伊罗坐在他位于维拉·贝尔米洛的办公室里

"事实上，西班牙报道的那个遥远记忆中的贝利时代的桑托斯，和如今俱乐部主席愿意为内马尔而减少巨额收入的桑托斯还是很有差异的。"他说道，声音里透露出沉静和威严。

"我曾经说过这样的话：'你还想回顾《托德西里亚斯条约》吗？你还认为巴西是个殖民地吗？你还没有意识到世界已经不一样了，我们已经超过英国成为世界第六大经济体了吗？'巴西已经成为世界主要大国之一。我们还是金砖四国（巴西、俄罗斯、印度、中国）之一。我们向国际货币基金组织的借债也成为历史，如今我们成了债权国。欧盟呼吁我们去帮助解救意大利和希腊的破产问题，这是20年前我们所未料到的。你没有跟上时代的进步吗？你没有看报纸吗？你没有听广播吗？你难道不知道世界正在改变吗？"

里贝伊罗主席的目标就是让巴西知道自己在国际社会中是全新并且强大的，不必去向欧洲屈服；让巴西挺直脊梁，展现更多的骄傲。

"我完全同意巴西前总统费尔南多·恩里克·卡多佐的话：'我们必须以出口制成品来代替出口铁矿。'从巴西成为年轻的足球天才出口国开始，我就决定在足球世界里也跟着这个信条走。"说完他阐释道：

"几十年来，巴西只出口原材料。与其出口炼钢原材料到中国或丹麦，或许现在正是时候出口汽车、冰箱或者至少是钢板了，这可以提供更多的就业机会，创造税收，促进巴西的经济发展。全世界都可以看到巴西的经济正在增长。巴西地缘经济的重要性也在与日俱增，因此，我们在巴西足球（足球是每一个巴西人的所爱）上的作为，再也不能与一个咖啡出口国的作为一样了。那是我们21世纪初扮演的角色，是时候改变这些了。正因如此，我们才会拒绝那些想把手伸向内马尔的欧洲俱乐部。"

在路易斯·阿尔瓦多·里贝伊罗背后的墙上，有一张他祖父路易斯·阿尔瓦多的照片，这个热爱足球的医生买了土地，建造了维拉·贝尔米洛球场的第一栋建筑，也成了巴西第一个在足球俱乐部里开办医务处的人。很遗憾的是，他在1916年体育场开馆典礼的前一天去世了，这也是导致典礼推迟召开的原因。

"我认为维拉·贝尔米洛就像罗马之于天主教徒、麦加之于穆斯林教徒、耶路撒冷之于基督徒一样，它是桑托斯球迷们的圣地。这个地方有着巨大的象征意义和神话般的重要性。这也是贝利曾经踢球的地方。"

路易斯·阿尔瓦多·里贝伊罗通过自己的营销公司实现了他房地产大亨和巴西中央银行行长的事业。

他出生于1942年，在看到贝利、帕高（Pagão）和科蒂尼奥为桑托斯扳回第一个大比分那会儿，他岁数已经够大了。他也多次看到鱼（桑托斯俱乐部的昵称）在溪流里逆水而游，但是此时此刻他终于有了机会让所有的幻想都变成现实。他久经考验的心为这家俱乐部而跳动。当他2003年第一次角逐桑托斯俱乐部主席的职务时，所有人都认为他此举近乎疯狂。

"我的医生和家人都认为我疯了，因为那年我4次心脏骤停，1次中风。但是我对桑托斯的爱比这些都重要，两个月后我在死神的眼前逃脱了。"

这样的爱是不求回报的。商人马塞洛·特谢拉赢得了最多的票数。但2009年路易斯·阿尔瓦多在主席竞选之战中大获全胜。他相信，内马尔在直至2014年世界杯合约上的签字就代表了他所有的经历和眼光。

"我已经69岁了。我曾是巴西中央银行的行长，我曾主持谈判小组处理巴西的外债问题。我参加过世界银行的会议。我不相信我是一个在讨论中会被轻易说服的人。内马尔之争成了大卫和歌利亚之间的斗争。欧洲的巨人有支票。我没有，我只有我的观点和信念。在我心里，为了内马尔自己、巴西足球和桑托斯，内马尔待到2014年世界杯结束后再去欧洲很重要。对于我来说，这也是一个涉及国家利益的问题。"

正如这位主席所说的，外界看待巴西时始终抱着殖民者心态，他在争夺内马尔的这场战役中就感受到了。

"伊比利亚国家对南美洲有占有欲，是他们发现和占领南美国家之后一直抱有的一种殖民者心态。本地的印第安人被视为天然劳动力，他们被作为奴隶、猎人或者向欧洲出口木材的林农。我们对于前殖民者有种奇怪而又夸张的顺从。巴西人一度认为所有巴西的东西都比欧洲进口的要低等。对于有些东西而言，情况确实如此。苏格兰威士忌和法国葡萄酒是无与伦比的。但外来的东西不只是这些，肥皂、衣服鞋子、建筑材料都是欧洲的，巴西建房子用的钢铁也来自英国。巴西的工业化进程是在第二次世界大战爆发前夕起步的，欧洲帮我们造了第一座炼钢厂是为了回报我们给他们提供南美人去参加二战。

二战结束之后的20世纪50年代，我们开始自主生产汽车，一点一点地，我们从殖民时期的历史偏见里解脱出来。终于，在几十年之后，巴西人心里的独立精神开始明朗起来，不再是葡萄牙或西班牙人眼里那个还是蹒跚学步的小男孩了。"主席说着，从谈判桌上拿出一些详细资料。

"他们跟我谈判时就带着这种傲慢。我记得皇家马德里的主席坚持说，条款里的解约费，也就是他为买断内马尔愿意付的钱，跟市场价是一样的。但我拒绝了。我告诉他不管市场价怎么样，除非有人愿买有人愿卖，否则就没有市场价格。这是一个市场！只要有一方不想卖，而另一方想买，那么就没有市场。皇家马德里觉得只有他们有能力买断内马尔，真是太自负了。切尔西也准备付3500万欧元的解约费。我也曾和财大气粗的意大利足球俱乐部有过会谈，还有巴塞罗那的主席桑德罗·罗塞尔。我把他们都拒绝了。从法律角度来讲，如果一家俱乐部愿意支付解约费，而球员又希望离开的话，留住他是非常困难的。"

2011年的时候，路易斯·阿尔瓦多·里贝伊罗充分考虑到了这样一种情形。

他意识到他必须想出一个最好的计划去说服内马尔，尤其是说服内马尔的父亲，使他意识到让内马尔留在巴西是对他本人和巴西利益而言最好的选择。

来自贝利的电话

　　路易斯·阿尔瓦多·里贝伊罗认为内马尔拒绝在转会合同上签字会让他的形象犹如足球界的玻利瓦尔。如此一来，这将成为打破巴西"奴隶心理"的一个信号。但这样做的困难在于，向一个19岁的孩子兜售想法并不容易，因为他可能更在意踢球的乐趣，而不是如何对付老牌欧洲国家。

　　这位主席也非常清楚，除非球员本人愿意，否则他的想法会轻易地带上一丝先入为主的色彩。他可能很容易会被外界认为是一个伪君子。所以他的计划需要大胆施行，而且必须深思熟虑。

　　"我的态度很冒险。我给了内马尔一个开放性的选择，因为在我的意识形态里，球员并非是一件商品或者什么物品。他是一个人。所以球员总有他想向谁倾诉的自由。"路易斯·阿尔瓦多说，并补充道：

"我确信我的论据——虽然不是有形的论据，但却是强有力的论据——能让内马尔留下来。欧洲俱乐部愿意支付的解约费很高，所以我那时的压力十分巨大。他的经纪人也想趁此赚一笔，他父亲还将有机会拿到一张首付为200万欧元的支票。我显然无法和这些数字竞争。"

相反地，他利用了自己最擅长的办法，向内马尔和他的父亲讲了一个很棒的故事。

"我努力告诉他们，一个聪明快乐、脚踏实地的男孩可以继续在这里度过对他来说无疑是最棒的3年，当他22岁的时候，他可以和欧洲的球队签订合同，无论是否顺利，他都会在巴西度过这3年快乐的时光，赚很多的钱，而且内马尔会变成家喻户晓的名字，成为一个神话。"

这些年来，桑托斯俱乐部变成了一个很吸引球员的地方，不仅是因为它的历史，还因为它地处圣保罗州的海港城市桑托斯——一个充满魅力的地方。桑托斯城的地貌和里约热内卢非常相似，它被沙滩和山岭所环绕着。这是一个相当大的城市，在城郊大约有150万人口。桑托斯城拥有南美最繁忙的海港，因此吸引了全世界无数的公司。生活在桑托斯的人，除非有着如内马尔这般能以此为生的运动技能，否则很难有东西能吸引他，使他离开桑托斯。

在两个月的时间里，桑托斯俱乐部为内马尔制订了一个职业生涯规划，以确保他能留在桑托斯。这是一个管理他无限潜能的职业规划。

"这个规划非常特别，是根据巴西标准制造的，在创建个人识别身份档案时，我们计划着从他的财务角度为他进行形象方面的管理。我们认为他需要一个心理辅导专家和一个语言治疗师（内马尔需要学习如何和媒体界对话）。他有自我表达方面的困难，他喜欢嘟哝。他需要配合树立他的个人形象，给出'对'或者'不对'的建议。他需要一个一流的专业助理来打理他的收入。这样的话，他就不会重蹈巴西足球运动员在从业生涯里挣很多钱，最后却一味地花天酒地这样的覆辙。很多球员在年纪大了从球坛退出以后，甚至都很难养活自己，但却老是强迫自己生活在粉丝回忆里的盛年时光。"

俱乐部开发了一个教育项目，在教导的过程中，内马尔、他的父母和妹妹可以学会如何管理即将滚滚而来的收入。桑托斯要做的一切就是让内马尔相信，他自己和俱乐部的未来是绑在一起的。

"为了计算可支付的最高薪资，我们和内马尔的父亲进行了一次会谈。这过程就像一场富有激情的产品市场营销会。这次会谈在一家大银行总部的豪华会议室里进行，巨大的会议桌旁还留了一个位置，内马尔的父亲问道：'为什么这把椅子空着？'"

"'这是为我们国家的第一偶像预留的，自从埃尔顿·塞纳过世后它就一直空着，至今都没有再出现过国家级的偶像，如今他将会属于内马尔。'我回答道。"

在巴西，足球和F1方程式赛车之间有着奇妙而相似的命运。若是一个赛车选手在比赛期间取得令人意外的成绩，他会在一夜之间成为民族英雄。在1986年墨西哥世界杯上法国队完胜巴西队的两天之后，埃尔顿·塞纳赢得了底特律大奖赛冠军。

塞纳手里挥着巴西国旗，沿着赛道又开了一圈。这一圈对于当年在世界杯上失利又经历了经济危机的巴西来说无疑是一种安慰，之后每次获胜，塞纳都会用同样的方式庆祝，一直到他因为赛车事故而英年早逝。

在巴西人因为国家足球队表现不佳而感觉耻辱的日子里，塞纳在另一个赛场上升起了巴西的国旗，也让他自己从一个默默无闻的赛车选手成为能让民众为他而相聚、可以和足球运动员争相媲美的一个偶像。8年之后，巴西在经历了24年的心碎和等待之后第4次问鼎世界杯，同年，埃尔顿·塞纳也第4次角逐世界冠军。但不幸的是，圣马力诺大奖赛伊莫拉赛道的塔姆布雷罗（Tamburello）弯道夺去了这位深受巴西人民热爱的赛车选手的生命。

塞纳的早逝让巴西人民在打击和悲痛中难以自拔，当他的灵柩被送至巴西，停落于圣保罗市中心时，有超过20万人前来瞻仰这位民族偶像。现场的人几乎无法挪动，他的死让人费解，也让这个国家的人们在最黑暗时期燃起的那一点点希望之火泯灭了。

"巴西人民需要食物、教育、医疗，还有那么一点欢乐，如今连欢乐也失去了。"一位前来吊唁塞纳的女性粉丝哭泣着说道。他的逝世就像这个处于悲伤中的国家的一场灾难，政府甚至宣布全国哀悼3天。

当巴西国家队在美国世界杯上横扫意大利时，队长克劳迪奥·塔法雷尔说道：

"我们打从心底里把这个胜利献给我们的朋友埃尔顿·塞纳。"

如今，塞纳依旧以其他方式活着。在巴西的许多地方（如他身前最喜欢的科林蒂安斯的训练场上），我们可以找到以他的名字命名的道路、雕像和纪念馆。埃尔顿·塞纳基金会如今已为巴西的贫困儿童捐赠出数百万雷亚尔。

"富人不能把自己孤立在被贫穷包围着的孤岛上，每个人都需要有一个最基本的机会去过上好的生活。"埃尔顿·塞纳曾经说道。

这把空着的椅子是留给内马尔的相当重大的遗产，它显然也意味着一个巨大的压力。路易斯·阿尔瓦多搬出了另一个民族偶像，来试图说服内马尔的父亲让内马尔留在桑托斯。

"我也可以拿出第二套战略来试图说服他们。我安排了让贝利在一个特定的时间给我打电话。在会谈过程中，每个人都关闭了自己的手机。当看到手表的指针指向11点的时候，我悄悄打开了手机，于是在11点13分，贝利打来了电话，我装作大吃一惊，然后接起了电话。会谈于是中断了。

"我说：'是的，他正坐在我旁边。稍等一下，这是内马尔·席尔瓦。'

我把电话给了内马尔的父亲。

贝利和他聊了近10分钟。贝利用他的经历，告诉内马尔的父亲内马尔留在桑托斯是很重要的。"

路易斯·阿尔瓦多称这个来自贝利的电话在心理上起了一个强有力的作用，确保了会谈能有一个好的结果。它确保了内马尔将留在桑托斯。与此同时，内马尔的收入也将随着一系列的广告合约而水涨船高。

"内马尔有一种特殊的魅力。作为一个广告形象，他有能力帮助这些公司推销产品，这使他能够赚很多的钱。我们之所以这么说是因为在把罗比尼奥带回桑托斯的时候我们积累了大量的经验。罗比尼奥去了英国的球队，但他并不快乐，希望重回南非世界杯国家队备选名单，于是我们找到了一个带他回家的机会。我们没有足够的钱支付他在欧洲所能赚到的报酬，但罗比尼奥同意为一批公司做形象代言人。桑托斯付了他工资的20%，另外的80%来自于我们为他谈判而获得的广告收入。我们认为可以在内马尔身上重复和发扬这种做法。这也是现在所发生的。内马尔就像贝利一样，是一位桑托斯出品的不折不扣的'奇才'"

路易斯·阿尔瓦多认为，他留住了内马尔，这对桑托斯和整个巴西而言都将是一件让人满意的事。当内马尔与桑托斯的合约终止时，俱乐部将一无所获，但内马尔的存在会给桑托斯带来巨大的经济价值。至少，当2012年路易斯·阿尔瓦多努力留下内马尔时，他心里是这么盘算的。

"我拿到了最好的电视合约，我拿到了更高的比赛日收入。桑托斯的球衣和俱乐部的价值也随着内马尔的存在而逐渐攀升。因为我接手了一支欠债的球队，所以短期内能有数百万欧元入账将会非常棒。我们能够从债务中解脱，并利用剩余的钱去培养更多新的内马尔们。于是我找了一个解决办法，而且有了中期目标。因为内马尔在巴西，所以巴西人相信我们能够主办好2014年的世界杯并且能够夺冠。世界杯是让巴西人彻彻底底赢回自尊的一个机会。"主席认为。

"自尊"，或许是在现实的阴影消散之前，对于处在事业巅峰期的路易斯·阿尔瓦多而言最关键的一个词。内马尔是一个在巴西踢球的土生土长的巴西人，他就像一个普通的巴西人那样生活在巴西。他成为巴西人的一个符号象征是因为他深受巴西的习性和生活方式的影响。巴西的年轻人只想看看桑托斯有没有找到一个他们可以崇拜和敬仰的偶像，而内马尔所展现出的信息正是——在巴西，你也能有所作为。

"在我看来，内马尔是一个不可思议的奇迹。一方面他是一个非同寻常的足球天才；另一方面，从足球圈的视角来看，他又是一个拥有鲜见的、不可思议的表达能力的人。他不仅具有娱乐细胞，而且表达自己的方式正是年轻人所喜欢的。有一次，我在沙滩上做了一个非正式的调查，我问一群姑娘：谁是世界上最帅气的足球运动员，贝克汉姆还是内马尔？一个20岁、稍大一点的女孩说是贝克汉姆，其余不到20岁的姑娘们全都回答是内马尔。内马尔引发的还有一场审美革命。一个人能拥有如此多面的特征是非常宝贵的，他是一个会让你尽可能长久留住的人。"路易斯·阿尔瓦多总结道：

"留住这个男孩需要付出巨大的努力。"

仅仅一年半之后，情况就大不一样了，路易斯·阿尔瓦多的美梦并没能一直持续到2014年，而是仅仅在18个月之后就发生了变化。

2014年，内马尔在西班牙深受债务危机的时候成了一名巴塞罗那队员——尽管西班牙多年来一直受到路易斯·阿尔瓦多的冷嘲热讽。桑托斯主席被迫认识到资本主义比玻利瓦尔主义更强大，金钱胜过了道义。最强的论据都无法阻挡这自由意志，因为内马尔的梦想和主席的梦想显然是不一样的。

桑托斯比内马尔更重要

······我要向全世界歌唱

桑托斯是我的至爱

桑托斯是我的至爱

噢~噢~噢，桑托斯

我的至爱······

如果你是一个真正的球迷，你会知道世界上的爱没有比球迷对俱乐部的爱更强烈的了。

上面这些词句来自于忠实的粉丝们在球场上唱的一首歌曲。这是桑托斯年轻球迷的一个分支"热血青年"（young blood）的领袖人物亚历山大·阿尼玛复述的，他是看台上的总指挥。他坐在球迷俱乐部后院的塑料椅子上，解释着俱乐部球员和球迷之间的关系。

"阿尼玛"（Animal）这个名字，对于讲话要强调某点时会握起拳头砸进另一只手掌心的男人来说相当合适。帽檐底下的眼睛里流露出坚毅的神情，这让阿尼玛的表情看上去不乏严肃，但是他的长相或行为并非意味着他真的想要打架。足球是一件严肃的事情，足球就是他的生命。他讲起足球对他的重要性，就像所有那些俱乐部门外的球迷们，庄严地等着公共汽车载他们去两小时车程之外的州锦标赛赛场上，看自己支持的球队和某个排名较低的球队比赛一样。像这样轻而易举就能获胜的比赛，根本不必让桑托斯最棒的球员上场。但那些优秀的球员并不是最重要的，俱乐部才是最重要的，这就是为什么今天公共汽车即将载着球迷去球场的原因，也是阿尼玛讲起桑托斯会比讲起内马尔更有激情的原因。

"巴西的足球文化是俱乐部远远比某一个球员更加重要，无论这个球员有多棒。内马尔也不例外。桑托斯城有着拉丁美洲最大的海港，但它却因桑托斯俱乐部而闻名于世，所以桑托斯是和贝利、内马尔联系在一起的。这对俱乐部来说也有着积极的影响。"阿尼玛说道。

桑托斯的年轻球迷组织有着超过3万人的活跃成员，他们中的大多数是圣保罗或桑托斯本地人。这个组织是独立于桑托斯俱乐部而存在的。但是从另一方面来讲，俱乐部也依赖于这些极度苛刻的支持者们。这些忠诚于桑托斯的球迷们认为内马尔正是在巴西的这段日子里变得成熟的。

"很显然我们存在的基础就是桑托斯，我们从出生到死亡都是它忠贞不渝的粉丝。

我们和俱乐部管理层的关系非常好。虽然不能随时随刻都见到球星

一位背部纹着"热血青年"的桑托斯球迷

们，但如果有必要，我们会和管理层进行沟通。比方说，当我们希望对球员有更高的要求的时候。如果在球赛上桑托斯队的表现不尽如人意，我们就会去更衣室找他们，并对他们说："嗨！怎么了！你们穿着桑托斯的队服，就该有着最出色的表现。'"

阿尼玛说，俱乐部里的球员就像是一家公司的员工。当球员离开了，俱乐部依然会存在。这些球员必须不辜负俱乐部的历史。

"桑托斯是一家有着100多年历史的足球俱乐部，它从来没有在最高等级的联赛上降级过，而且总是夺冠热门。所以对于桑托斯的球员来说，穿上球衣就意味着压力和巨大的责任。我们要求他们担负起此责任。在重要的比赛前夕，我们会带上旗帜去训练场上鼓舞大家。在特别重要的德比战前，由于来自媒体的压力太大，训练场往往会进行封闭式训练。但我们还是会打电话给管理层：'我们希望到场来鼓舞大家。'有些时候会被允许，有些时候不会被允许，我们有几次动用了武力才得以进去。"

阿尼玛的表述方式带有一种飓风般的威力，简直要把你从椅子上刮出去。他像极了一颗充满激情的定时炸弹，在谈话的全程都保持着一种严肃的神情，当他讲到"热血青年"如何超越足球时，脸上更是异常严肃。

阿尼玛：激情远不足以形容我们对足球的爱

　　"我们虽然与桑托斯密不可分，但是我们也有自己的历史。我们致力于几个方面的工作。首先，有序地组织看台上的粉丝。无论桑托斯去世界上的哪一个角落比赛，我们都至少会有两名'热血青年'的代表带着旗帜到达现场。其次，我们和巴西的另一项重要文化节日——狂欢节一同组织活动。我们有一所历史丰富的桑巴学校，并多次在比赛中获得了冠军。我们还在贫民窟开展社区和医疗活动，组织大家献血，并在儿童节和圣诞节之类的节日中开展一些文化活动。你可能觉得足球只是你的业余兴趣，但对我们来说不是。它是一件严肃的事情。足球融合了经济、文化和社会很多方面的因素。足球可以从现实、财政和社交上改变一个人。

　　"对我们来说这就是生活。足球就是生命！"

内马尔市场

"我的儿子就是我的公司。在我妻子和女儿的协助下，我就是公司的总经理。"

这是内马尔父亲对于他儿子的一番论述。

内马尔父亲的梦想就是有一天儿子能像他从前一样成为一名职业球员，现在他的梦想成真了。从前当修理工时的工装裤和满手的油污早已经被西装和商人惯有的强硬态度所取代。在学习了企业财务的课程之后，他如今主管着世界上最大的运动品牌之一。内马尔品牌每年都在创造好几百万的价值。根据巴西《环球报》的数据，内马尔2012年的收入大约在3200万欧元。而英国《专业体育》（SportsPro）杂志也根据内马尔所创造的市场价值，将他评选为世界上最有价值的运动员。排名甚至在高尔夫运动员罗里·麦克罗伊以及内马尔的同行梅西和C罗之前。

内马尔的父亲记录了流入公司账户的大宗金额，每个月他都会给内马尔零花钱。如果内马尔愿意的话，这笔零花钱足够他买一辆意大利跑车或者一艘小型的、可以绕着桑托斯港巡游的漂亮游艇。

巴西的《阿尔法》（*ALFA*）杂志在2011年5月的封面上如是写道：

内马尔——富有、聪明，在父亲的掌控之中。这其中有什么问题？

我们在杂志内页看到了这对父子，他们穿着西装。第一张照片是老内马尔为儿子系领带，和父亲保持同老板一样的关系让内马尔可以专注于他最擅长的事情。不，父亲管理内马尔这家公司并没有什么问题。

"我父亲为我做的任何事情都让我觉得很安全，这有助于让我集中精力踢好足球。"在采访中内马尔说道。这也显示了公司的困境：老板是想赚大钱还是更加注重于内马尔的事业？

"这两者并不矛盾。我得同时为公司和儿子服务。在家时他是我儿子，但当他出了门他就是我公司的产品。"内马尔的父亲说。

毋庸置疑，钱很重要。对于内马尔贫苦的童年，父子俩都不怎么公开提及，但至少内马尔的回答涉及了一点这个主题。这对于内马尔的父亲为何紧抓着钱不放有一个很好的解释。

"我们来自于一个地位低下的家庭，我们一起克服了许多困难。"内马尔说。

凭着内马尔的名字和外形，你就可以卖出任何东西，所以当你看到他和一系列巴西或者世界知名的品牌，如南极瓜拉纳（软饮）、桑坦德（银行）、克拉罗（电信营运商）、联合利华（食品）、海利亚（电池）、大众（汽车）、耐克（运动装备）、松下（电子产品）、路博（男士内衣)、清扬男士(洗发水)和路雪(冰激凌)等联系在一起时,大可不必感到吃惊。这些品牌及许多其他品牌都是内马尔市场的一部分,与他的足球事业一起齐头并进。

自1930年莱昂尼达斯·达·席尔瓦成为巴西第一个为商品(黑钻巧克力条)做形象代言人的足球运动员以来,球星为产品代言的情况如今已经司空见惯。

我们应该尤为重视内马尔这家公司。概言之,内马尔雇用了20多名员工来打理与他事业相关的一切事物。

这个家族企业的名字叫内马尔体育(NR Sports),雇用了13名员工来管理他的收入和投资情况,以及内马尔的官方网站和社交媒体活动。

桑托斯俱乐部里有4人专注于照看内马尔的收益问题:他的经理人爱德华多·穆萨处理来自媒体和赞助商的所有邀请,1人专门管理旅行的后勤工作,还有1名新闻工作者和1名他的行程安排者。

内马尔研究所里则有5名雇员专注于内马尔在社区中的社交活动。

* * *

在足球圈内,父子之间的紧密合作和其他领域的很不一样。

巴西的博斯科·莱特,卡卡的父亲,在某种程度上说也和内马尔的父亲扮演着同样的角色——他既经营着卡卡,同时又是卡卡的经纪人。

卢卡斯·莫拉的父亲豪尔赫·罗德里格斯·达·席尔瓦,也是儿子的财务管理者。

很多伟大球星的背后，都有一个父亲曾盼望儿子成为专业球员的梦想。

英国的大卫·贝克汉姆和他的父亲泰德就是一个很好的例子。在当地的公园里，泰德几乎把所有的业余时间都用在了教儿子踢球上。

"当你有了第一个儿子后，就是一种不同寻常的人生体验。你需要尝试和理解。当大卫长大一些之后，他对足球开始有了兴趣，没有比这更好的了，这是一个父亲能想到的最好的事情。毫无疑问他有着极大的天赋，但是我必须帮助儿子去发扬它。我只是做了任何一个父亲都会做的事情。"泰德对《星期日泰晤士报》说。

韦恩·鲁尼的父亲在鲁尼还没有学会走路之前就把他夹在胳膊底下带去看埃弗顿的主场比赛了。

还有另一对足球界父子的故事更加曲折，它有比基因比对更加出人意料的结果。

故事中的儿子扮演着足球界的西西弗斯角色。

"球王"之子

　　……我一直认为这是命运的嘲讽，我的儿子居然会成为一个职业守门员。在我的职业生涯里，我的使命就是击败那个穿1号球衣的人。这是上帝开的玩笑吗？

——贝利：《贝利自传》

　　"球王"贝利中央训练场。

　　理所当然，桑托斯俱乐部的训练场是以这家俱乐部有史以来最伟大的球星命名的。因为训练场有"球王"的昵称，这些球员所踏上的绿茵草地被很好地保护起来。

　　贝利中央训练场被一圈顶上装有铁丝网的围墙环绕着。墙面上有艺术家保罗·孔森蒂诺画的俱乐部的历史进程和俱乐部史上的伟大球星们：

从1912年俱乐部创建，到1956年贝利第一次签约桑托斯，再到今天的内马尔。

球员们在围墙之内训练，但墙面上仍有空余等待着他们抓住机会成为孔森蒂诺画笔下的人物。

在围墙和铁丝网的背后是一个现代化的训练场，它并非分外恢宏和浮华，但却拥有一支专业球队所需要的一切，甚至还要更多。那里有一座五星级的酒店以供球员们在重要的比赛前夕住宿。酒店里有一个游泳池、一个健身房和理疗室，还有一个小教堂以供大家养精蓄锐和祈祷。更重要的是，那里还有3块修剪良好的绿茵场。

要是贝利的儿子埃丁尼奥（Edinho）去围墙上寻找自己的话，一定会无功而返。但在这样一个休息日，许多球星都不在的情况下，正在训练场上的他无疑会成为主要焦点人物。贝利的光环意味着那些在足球界一直口耳相传的伟大故事无处不在。

埃丁尼奥是桑托斯俱乐部的一位教练员。他在球场上跑来跑去激励那些球员们，带着大家一起训练，部署锥形阵队，这显然很难不让他加入这个使他父亲闻名于世的职业。

但那并不是埃丁尼奥的命运。

像内马尔一样，埃丁尼奥也在足球的世界里长大。如果内马尔的父亲算是一个地方英雄的话，埃丁尼奥的父亲可以算是一个世界英雄了。如果说内马尔从小就被寄予厚望的话，那么不难想象20世纪70年代的小埃丁尼奥在纽约那个他父亲旅居的地方（正是他父亲把足球变得举世闻名）长大时，身上背负着多大的期望。

贝利的儿子埃丁尼奥走在贝利中央训练场上

　　"贯穿我整个童年的梦想和目标就是，为了我的父亲去赢取一座奖杯。"埃丁尼奥以一种深沉、温和的低音说道。有一些面孔你永远不会忘记，但是极少会有一些人的声音让你如此难忘。埃丁尼奥无疑是其中之一。

　　"我曾经对篮球和棒球更感兴趣，但像所有的父子俩通常都会做的一样，我和我父亲一起踢起了足球。我是一个还不错的外场球员，但也是一个更棒的守门员。在巴西旅游的时候，我作为守门员去参加了桑托斯的选拔赛，他们给了我一份合约。这对于我来说无疑是很奇妙的一天，因为我能和父亲一样为同一家俱乐部效力。"

他从未捧起过冠军奖杯，但也可以说相当接近了。1995年他效力的桑托斯队获得了巴西全国足球联赛的第二名。

多年之后，埃丁尼奥在职业生涯的一场比赛中引起了人们的关注和好奇。埃丁尼奥和内马尔的父亲曾经踢过一场友谊赛。这在现在看来是一场"球王"之子和巴西"皇太子"之父的对决，这个被儿子超越了的父亲对决这个没有到达自己父亲水平的儿子。

两个巴西足球史上的伟大故事在1995年5月31日，当桑托斯遭遇来自摩基达斯克鲁易斯市的工会俱乐部时有了交集。内马尔的父亲是工会俱乐部的前锋，而贝利的儿子则是桑托斯的守门员。这场比赛最终以1：1踢平收场。

"想起这个来很好笑，我直到现在才意识到。即便这是场友谊赛，但我还是肩负了巨大的使命，因为我是贝利的儿子。"埃丁尼奥说。

作为"球王"之子，埃丁尼奥也并非那么容易。1996年他的膝盖受了重伤，于是在1999年29岁的时候便提前结束了自己的职业生涯。180厘米的身高并不是一个传统的守门员的高度，但他迅敏的反应能力和精湛的守门技巧也在电视里留下了很多精彩的瞬间。他看起来从未有意向进入巴西国家队，但受伤却也剥夺了他作为一个职业球员最重要的几年。

说得委婉一点，他退役后的日子相当不平静。

如果有一件事是他父亲作为一个球星需要宣扬的，那就是让年轻人远离毒品，不要成为犯罪的牺牲品。2005年，埃丁尼奥因涉嫌毒品交易在贝纳迪斯总统镇的最高戒备监狱被拘禁了60天，这引起了一场轩然大波。

同年他又身陷一场1992年的非法街头赛车案。该案中一个摩托车手离奇丧命，但因为不是司机，埃丁尼奥得以逃过了罪责。

换句话说，埃丁尼奥经历了不少磨难才取得了今天的成就。他健壮的手臂纹着图腾，一切看上去都很棒。他就像一个克服了很多困难的男人。在他那低沉的声音里有着难以置信的冷静。"球王"之子虽未成为"球王"，但他身上的荣誉并不曾磨灭。

"我很自豪地作为桑托斯的一员穿着这件球衣，甚至连我的父亲也没有穿过守门员的1号T恤。所以至少我也做了一些他没有做过的事情，我很开心如今在俱乐部里工作。"埃丁尼奥说。

回忆到这里，埃丁尼奥停下了。根据贝利的自传，好些年间，贝利本人其实是桑托斯的、同时也是巴西国家队的备用守门员。为了证实这点，书里还附了一张贝利当守门员的照片。

就像贝利所说的：

"……事实上我是一个很好的守门员，而且我也热爱这一职业。封住球有时候就像踢进球一样令人满足。"

贝利恰是这样一个在未开吃的桌子上不留很多面包屑的人。

难以超越，可望而不可即。

欧洲，去了又回

罗纳尔迪尼奥、罗纳尔多、阿德里亚诺、罗伯托·卡洛斯、儒尼尼奥·佩南布卡诺、路易斯·法比亚诺以及很多其他的一些王牌球员都在他们职业生涯的最后几年离开了欧洲。

他们在经济危机或经济衰退时离开了欧洲大陆，回到里约热内卢的沙滩或充满活力的圣保罗，抑或正在回归巴西的路上。

人们很难在他们实现了自我的最高价值之后去责备他们，甚至有些球员明知道在欧洲不会有类似的辉煌事业，他们也会在职业生涯那最好的几年里，以同样的方式去往欧洲。亚历山大·帕托、雷纳托·奥古斯托还有别的球员们会利用2013年1月的转会窗口回到祖国。对他们来说可能更重要的是：有机会回家来展示技艺、获取上场时间和在世界杯前夕出现在国家队备选名单里。这些球员都是状态不错且时刻准备着为国家队出战世界杯的。 他们回到祖国，去到那些能够满足他们最高薪酬要求的俱乐部效力。内马尔相信这种情况对于巴西足球来说是有积极意义的。

"超级偶像和巨星回到巴西国内的足球俱乐部，这对于巴西足球的发展是大有裨益的。联赛变得更好，更有趣也更快乐。近距离地看到这些球星们能够激励所有的球员。"内马尔在2014年对《时代周刊》如是说。

在采访中他再一次解释了为何他要留在巴西。

"我通常都会追随自己的内心，做自己想做的事情。我喜欢待在巴西，这就是我想要的。对于我来说，离开巴西的正确时间还没到。我在桑托斯非常快乐，我在巴西生活得也非常快乐。我和我的家人、朋友们在一起，我非常开心。是我自己愿意留下来的，我不后悔，这个决定也与金钱无关。我和桑托斯签约至2014年，我决定履行完合约。之后我会根据自己的感受作出选择，无论离开还是留下。你总是知道什么对你来说是最好的。这就像是选择自己最喜欢的冰淇淋口味。有时候你会选择香草味，有时候你会选择巧克力味。而我现在的愿望和口味就是留在桑托斯。"

仅仅几个月之后，内马尔的冰淇淋口味就换成了巴塞罗那，不管这味道尝起来怎样。他再三强调的留在巴西的声明很少是那些老牌球星的选择，这也有可能影响到内马尔最后选择了巴塞罗那。

如果内马尔优先考虑自己的发展而不是在巴西的名望，那么他在2014年世界杯上大获成功的胜算可能更大一些。这是多年以来提供职业生涯建议的老牌球星的评论。

罗纳尔多在娱乐与体育节目电视网（ESPN）的一次访谈中说：

"我会建议内马尔去欧洲。除了那儿是足球的老家，这对他本人来说也是一个巨大的文化机遇。这是你需要抓住的一次机会，我也从中学到了很多。在欧洲生活的18年棒极了，我可以告诉你，没有一座大学可以教会你我在欧洲踢球所学到的东西。"

卡洛斯·邓加在伦敦的一场新闻发布会上说：

"内马尔是一个很不错的球员，他在南美和巴西是最棒的。但是在欧洲，踢球的要求会更加严格，得分也会更加难。我相信内马尔可以尝试着去欧洲踢球，以增加经验，使自己变得更好。"

里瓦尔多在一次泰拉（Terra，巴西著名的新闻媒体网站）的采访讲话中就不客气多了。他直言不明白内马尔为什么不早早打点好行李，登上一架飞越大西洋的飞机。

"我们无时无刻不需要改变。内马尔应该尽早离开巴西和他所处的舒适环境，他需要去欧洲历练。参加世界杯是需要经验的，最好的增加经验的办法就是和那些最棒的球队、也就是欧洲的球队比赛。"

大使罗马里奥

也许内马尔是一个害羞的小男孩，当他真的需要表达自己时，他巴不得让他的靴子出声。如果要举办一场吸引大量人眼光的盛会，毫无疑问内马尔会被列在邀请名单上。而他也经常会接受这样的邀请。

他最出名的一次表演是在米歇尔·泰洛的全球发行单曲《假如我捕获了你》（*Ai se eu te pego*）里。与这首歌相匹配的是内马尔庆祝进球时一个随歌而舞的动作，当时这首歌有着超高的人气。有很多歌都是关于内马尔的，包括歌手鲁道夫·塞瑟的《内马尔之秀》（*Neymar é Show*）。

内马尔在巴西潮流文化中所扮演的角色正是足球明星和流行音乐明星的结合体。瞄一眼他主页上提供的iPod列表就可以了解到，他喜欢巴西音乐更甚于欧美音乐。

当巴西体育界最有名的运动员之一、混合武术世界冠军安德森·席尔瓦进入拳击场的时候，内马尔常常坐在前排，给这个活动增加一些额外的零星魅力。如果巴西最有名的电视主持人浮士陶（Faustão）希望内马尔去参加节目录制的话，他也往往会一口答应。

还有其他很多的例子。内马尔不会拒绝聚光灯下的生活。

传播名气对他来说也价值不菲。在桑托斯港他和比基尼女郎们的私人游艇派对过后，他非常清楚狗仔队早已经等着了。他用父亲给他的零花钱买了相当多的四轮奢侈品来使生活更加愉悦。他的车库里有保时捷帕纳梅拉、沃尔沃XC60和一辆迷你库柏。他在桑托斯瓜鲁雅的家，是一栋在一片时髦的棕榈树天堂里的豪华别墅。他喜欢炫耀自己的成功，包括他在物质上的成功。

在内马尔之前，就有很多巴西球星会掉入注重球场之外什么会引起媒体关注这样的陷阱里。虽然内马尔热爱一部分外向的流行文化，但他实际上还是一个比较内向的人。对他来说最重要的是不感觉孤单。

"我不喜欢独处，我总喜欢和朋友们一起出去玩。我在家会玩斯诺克、视频游戏，要不就是出去吃饭或者出去玩。这很好也很轻松。"内马尔在一次采访中对足球杂志《442》（FourFourTwo）说。

也是在这次采访中，他透露了如何利用视频游戏作为他足球上的灵感。在电脑上发明的戏法，他也想应用到现实中来。事实上你不能指责内马尔没有在生活中尝试其他东西，罗马里奥曾经也是这样过来的。

"他就像是20年前的我，所以我能明白为何他有那样的表现。他不像阿德里亚诺。"罗马里奥在接受Goal.com的采访时说。

这位老牌射手完全不在意内马尔可能不那么专注于足球；就像阿德里

亚诺，他有着极大的足球天赋，但并没有像他的天赋所预示的那样去实现他的足球事业。

"内马尔是巴西最棒的球员，他离梅西不远了。"罗马里奥说。

内马尔刚开始踢球时，穿的是7号球衣。当他在桑托斯的地位上升到可以自己选择球衣时，他便选了11号球衣。

"我一直很崇拜穿11号球衣的罗马里奥，这也是我喜欢这个数字的原因，我也曾穿过10号球衣，但我还是最爱11号。"内马尔曾经说。

也许这也是罗马里奥为什么会捍卫内马尔而不是告诉他在足球生涯里需要去做什么的原因。从很多方面来讲，他们之间有种亲切感。两人都是巴西足球最优秀的代表人物。他们都热爱射门，也都热爱派对。

罗马里奥的母亲说他的儿子像梦游一样，走着走着就成功了。他的故事里没有什么条理，只有努力工作或者发生神迹。

当罗马里奥还是瓦斯科达伽马俱乐部的一名年轻球员时，他对体育运动的漠不关心就让人印象深刻。

"他们曾在里约热内卢的罗德里戈·德弗雷塔斯湖边跑圈。那将近有7.5公里，但罗马里奥却不喜欢为它费神，所以跑个500米，他就会搭辆公共汽车到终点和队友们会面。"他的母亲唐娜·丽塔说。

在埃因霍温俱乐部，罗马里奥几乎把他的丹麦队友弗莱明·波弗尔森（Flemming Povlsen）逼疯了。

"罗马里奥是一个不可思议的球星。但诚实地讲，我在埃因霍温时很讨厌他。不仅在平时的生活里恨他，在训练场上我也无法忍受他的态度。我来到埃因霍温俱乐部时他正在踢南美锦标赛，那时我也踢得很好，但是一旦他回来，球队的事情就不一样了。那时我觉得他在球队里获得地位简直太容易了，但事后我就改变了对他的看法。如果我是球队主教练，我们有一个前锋基本上能保证每场都进2球，我也会说一样的话：'周日我们比赛见，其他时间你好好休息。'罗马里奥懒得出奇，我们其余的队员会回到训练场上，而他则没精打采地坐在绿茵坪边上，来回地推一只球，然后进去做下按摩。尽管如此，我们这些正在训练的人却没有一个能达到他的水准。这真是该死，太让人讨厌了。"弗莱明·波弗尔森谈起罗马里奥时说。

罗马里奥的这些故事和内马尔在训练场上接受专门训练时的表现有很大的出入，但是两人都有同样卑微的出身，两人也都通过足球使自己和家人的生活得到了改变。

"罗马里奥出身贫寒，整个家庭都需要打很多工来赚钱。我要手洗全家15个人的衣服，直到罗马里奥成为职业球员，我才得到了一台洗衣机。因为他，全家的生活有了翻天覆地的变化。"罗马里奥的母亲说。

如今的罗马里奥作为政治家和国会议员有着相当成功的事业。人们并没有说他在这里也投机取巧。相反的，他卷起了袖子，利用他现有的地位呼吁里约热内卢的家乡同胞关注贪污腐败和贫穷，他也是2016年巴西奥运会的大使。

这些老牌的巴西"射手之王"在进球和助攻的纪录中遥遥领先，内马尔确实需要好些年才能追赶上他们。贝利在职业生涯中共进了1281个球，罗马里奥进了1002个球，罗伯托·迪纳米特进了744个球，虽然后来计算这些数据时包括了训练和友谊赛中的进球，但是并不会改变他们看起来随意就能进球这一现实。

罗马里奥甚至声称如果自己没那么懒惰的话，他也许可以进2000个球。

"王储"之子

事情并不总是会像牧师布道时所讲的那样顺利发展。

一则关于内马尔的新闻是他成了一名父亲，而这并不和他在教堂所学到的或者在家里所明白的同步。

"我并不认为有人会希望他这么快就成为一个父亲，这对我来说着实令人震惊。大家都吃了一惊！"牧师牛顿·洛巴托说。

当内马尔暗示他现在已经是一个父亲了的时候，洛巴托甚至无法相信他耳朵所听到的，19岁的内马尔和一个比他小2岁的女人生下了儿子大卫·卢卡。

"成为父亲就像装上了一个刹车，迟早会教他学会如何控制自己，这也是能够帮助他成熟的一份责任。这有关于如何为人处世。幸运的是，内马尔是一个有教养的人，他知道这需要些什么。"洛巴托相信。

2011年8月24日，大卫·卢卡头一次见到日光，他的父亲在推特（Twitter）上发了一张他怀抱着小卢卡的照片，把整个世界带进了他的产房。内马尔穿着橘黄色的医院工作服，戴着发罩，满脸灿烂的笑容。

"2.8千克纯粹的快乐。"他对他的粉丝们说。

更早一些时候，内马尔曾经发布过一份新闻稿，试图向那些在推测和努力找出孩子母亲是谁的媒体要求有一点呼吸的空间。

……在本新闻稿中，我证实我即将成为一名父亲。

这两个家庭——我的家庭和孩子母亲的家庭——已经做好帮助接生孩子的准备，也尽可能为我们提供了最好的布置。我们都同意将孩子母亲的名字对公众保密，以便获得平静和保护我们自己的隐私。

希望大家能够尊重我们渴望安宁的愿望。

我向上帝祈祷保佑我们的孩子。

它拥有我们的奉献与爱。

内马尔

看起来内马尔的孩子未来将有着和内马尔小时候在摩基达斯克鲁易斯一样的经历。这个故事追溯到内马尔和他父亲的老故事，简直就像往事重演。另一段现代的巴西足球记录史也许正在书写中。

"如果未来他想成为一个足球运动员，我会支持他的。"内马尔曾经说过。

大卫·卢卡现在还小，几年后他会被他爸爸抱在怀里带去维拉·贝尔米洛体育场，在那里他会见到很多陌生人，他们几乎像他一样喜欢他的父亲内马尔。当他会走路了，他会去父亲所效力的地方踢球，或者去训练场上见他的那些同事们。这个金发小男孩成了这些球员们的小吉祥物。大卫·卢卡的母亲据透露说是卡罗琳娜·丹塔斯，她并非内马尔的女友，但两人之间有着牢固的友谊。后来她和一起照顾小卢卡的家人住进了内马尔在维拉·贝尔米洛体育场附近的旧公寓。

那些和内马尔有关联、同他恋爱或者约会过的女人有一长串。如果某个女人在任何地方接近或亲吻过他，内马尔相当确信这事很快便会见诸报端，或者在推特上被公布于众。

女演员布鲁娜·马格齐尼、费尔南达·佩斯·莱梅和模特妮可·巴尔斯、丹妮·斯伯尔都是内马尔罗曼史上比较瞩目的"人物"。

2012年9月，内马尔以嘉宾身份参加了由浮士陶主持的《机密文件》（*Arquiro Confidential*）节目，该节目类似于《这就是你的生活》（*This is your life*），在节目中内马尔的朋友、家人以及前女友们讲述了他们的经历。

内马尔先从自我陈述开始，可能也是为了迎合桑托斯和周边地区一些年轻女孩们的心理：

"我目前没有女朋友，我还单身着。"

然而，他和布鲁娜·马格齐尼的恋人关系随之也愈演愈烈。

内马尔身穿一件白色T恤，打着黑色领带并穿着黑色牛仔裤。这次他的头发放了下来，像一个彬彬有礼的男生，虽然耳朵上还戴着运动耳环。

卡罗琳娜·丹塔斯第一次作为内马尔儿子的母亲"被授权"公开谈

谈自己的感受时，她正第一次出现在荧屏上，演播室里的内马尔眼里满含泪水。

"我们被迫在一夜之间成了一对伴侣。这很艰难，但内马尔是一个很棒的父亲。我和我的家人都很爱他，也很感谢他为我们所做的一切。"

内马尔讲述了他在成为一名父亲后是如何变得更加成熟的。

"我的生活发生了很多改变，你无法解释那种爱。我感到十分幸运。"

内马尔的父亲则说，他和他的朋友——牧师牛顿·洛巴托以及家人一样，在得知自己即将成为祖父时感到无比震惊。

"刚开始我确实很生气。但世界上最美好的事情就是迎接一个新的生命，内马尔也会因此而成熟。"他说得很温和。

一个黄金时段的有关足球的节目没有贝利的声明是不完整的。

"巴西需要像你这样的球员。我一直生活在巴西，而你也可以！你在这里拥有一切东西，留下来吧！"

罗纳尔多则给他打气：

"为巴西人民去赢得世界杯冠军有着巨大的压力。去克服压力，专注于训练，你可以做得到的，小子！"

大卫·卢卡的干爹保罗·恩里克·甘索是内马尔的前队友，他也在真人秀里现身了。

在数百万观众面前，内马尔显然被风流韵事影响到了情绪，节目最后在甘索对内马尔一连串的表扬和溢美之词中结束。

"我想念你，我很感动，你对于我来说是一个好兄弟。我爱你。"

内马尔和克里斯蒂亚诺

内马尔和克里斯蒂亚诺（C罗），一个是巴西人，一个是葡萄牙人。当你拿出地球仪的时候，你会发现这两个国家之间隔了整整一个大洋。

但是，内马尔的故事在很多地方都和C罗的故事颇为类似，当然反过来说亦然。

这不仅仅是因为两人都在很年轻的时候做上了父亲——和一个他们无意于一起生活的女人生下孩子。

若仅仅是因为他们都是各自国家的超级巨星，各自说着自己版本的葡萄牙语，则他们也并非是自然而然地拥有这些共同点。当你比较内马尔和C罗的背景时你就会发现，他们的成名有许多相似的地方。

对C罗成名史的研究就足以让内马尔相信他有一个伟大的未来。

我们知道内马尔在球场上非常遵守纪律，与此同时，他也比很多年龄大于他的男孩子们有更好的球技。C罗小时候在葡萄牙安多里尼亚俱乐部的教练也是这样描述他的。

"罗纳尔多对足球有着巨大的热情。当学校放假时，他时常会和他在安多里尼亚做门卫的爸爸一起在训练场上踢球踢到午夜。罗纳尔多是一个瘦小的男孩子。他在球场之外非常害羞，但是当他开始踢球时，他却很有自己的风格。即使在和比他大两岁的男孩子们一起踢球时，他也会喊：'嗨，传球！'他并非对足球情有独钟，而是对所有的球类运动都很热衷。"

就像内马尔所在的大普拉亚格雷米奥队，安多里尼亚俱乐部并不觉得它已经从这里走出去的成名球星处获得了足够的回报。

"并不是说我们想从罗纳尔多那里得到钱财，我们希望得到他的帮助。耐克是他的赞助商，或许他可以帮助俱乐部改善一下装备。"巴塞拉尔说。

我们早就听说内马尔比他所有队友加在一起都更在乎自己的外表和发型。

C罗的教父费尔纳·索萨也是这么评价他教子外表的：

"当他还是个小男孩时，他就很专注于打理他的头发和衣服，并且很注重表现自己的方式。他很在乎自己是否看上去很好。"

费尔纳·索萨自己就是一个球员，C罗的父亲也是一个忠实的足球爱好者。

"当然，我和他父亲给了他对足球的热爱和激情，但这并非是必然的，因为当他看到球时，他完全停不下来。他天生就对足球有一种激情。

他的父亲曾经给过他一辆玩具汽车，可他完全不放在心上。他一直不明白为什么他在安多里尼亚俱乐部工作的父亲不送他一个足球。"费尔纳·索萨说道。

我们知道内马尔出生于贫寒家庭，C罗也是一样。

C罗出生在葡萄牙马德拉群岛的丰沙尔，他是家里4个孩子中最小的一个。他的父亲是当地委员会的园丁，母亲则是一个清洁工。

"那时家里并没有多少钱，当然之后就不一样了。"C罗的叔叔丹尼尔·维尼修斯说。

内马尔和C罗对足球的热爱比对书本要狂热得多。C罗以前的老师玛丽亚·多斯桑托斯如是说道：

"从他跨进大门的第一天开始，足球就是他最喜爱的运动。他也参加别的活动，学习唱歌，做作业，但他喜欢有属于自己的足球时间。如果附近没有球——这种情况十分普遍——他就自己用一些袜子做一个球。我也不知道他怎么做到的。"

C罗去了马德拉群岛上更大一点的民族俱乐部，正是在那里他获得了赏识，就像内马尔刚到桑托斯俱乐部时那样。

"他在民族队每天都努力踢球以提升自己。当球队在一场重要比赛中失利时他备受煎熬，他甚至伤心地哭了。"C罗在民族队的教练佩德罗·塔林哈斯说。

至于C罗对他的出生地来说到底有多重要，他的叔叔丹尼尔·维尼修斯说：

"我们在球场上可不是好朋友（就像马德拉是这么说葡萄牙的）。

我从来不说我是葡萄牙人，我一般会说自己是马德拉人，因为我来自马德拉。罗纳尔多为马德拉和当地人的形象塑造作了很多贡献，尽管在他之前马德拉就小有名气，但罗纳尔多却令它变得举世闻名。"他解释道。丹尼尔·维尼修斯认为他的侄子是葡萄牙足球史上最棒的球员之一。

"在我心里他仅次于尤西比奥。"

内马尔和C罗都是听着国家偶像们的故事长大的。内马尔要努力超越贝利，而C罗则要努力超越尤西比奥。尤西比奥之于本菲卡就像贝利之于桑托斯，马拉多纳之于那不勒斯。

不只是在葡萄牙本土，从整个足球史最佳球员的意义上来看，大家都把C罗比作尤西比奥。

"葡萄牙有一座尤西比奥的雕像，我很确信有一天马德拉也会有一座罗纳尔多的雕像。他的名字对于马德拉来说意味着很多东西。当人们想起马德拉时，他们总能想到克里斯蒂亚诺·罗纳尔多。"佩德罗·塔林哈斯说。

谁知道有一天桑托斯城会不会立起一座内马尔的雕像，或者像贝利一样有一座自己的博物馆呢？这当中起决定性的因素在于未来几年他们如何经营自己的职业生涯，这无疑相当有趣，且不妨让我们拭目以待他们未来将如何应对生活中的挑战。

内马尔和C罗在他们职业生涯的早期都会严格遵守纪律。内马尔在球场上的态度已经变得很成熟，而C罗在球场上则几乎从不会为自己制造麻烦。近些年来他看上去有了更加严格的纪律和毅力。他使以往孩子气式的作风变为一种成熟的味道。

当年年仅12岁的C罗就被里斯本竞技的青训学院招入其中。不管是从体力训练、心理教育还是社交方面来看，马德拉都跟这里有着很大的差距。

与内马尔有父母环绕身边、处处受到保护不同，C罗必须在没有父母关照的情况下照顾好自己。

"罗纳尔多很想家，他有一种渴望。"费尔纳·索萨说。

"在这艰难的日子里，你得学会了解自己。也是在此时，你需要变得更加强大，知道自己到底想要什么。"几年后C罗解释道。

14岁的时候C罗发现自己的父亲迪尼斯是一个酒鬼，而哥哥雨果则是一个瘾君子。这让他感到恐惧，但并没有让他从里斯本逃走。后来他的哥哥被送进了里斯本的戒毒中心，而C罗当时的工资仅够这个家庭支付治疗费。

2005年7月，他的父亲因为严重的肝肾疾病被紧急送往马德拉丰沙尔的医院。为了挽救父亲的生命，为他进行肝脏移植手术，C罗要求转会去英国。尽管暂时控制了病情，但迪尼斯最后还是死了。酒精导致父亲早亡无疑让C罗伤心欲绝。那时C罗是曼联的球员，也是葡萄牙国家队的关键人物。当父亲死亡的消息传来时，他正和国家队一起在莫斯科备战。

当时C罗的主教练、足联领导人物斯科拉里给了他一个选择，允许他离开训练场回家陪伴家人。

但C罗拒绝了他的好意。他希望和国家队在一起，并要求斯科拉里派他上场比赛。

"我想踢球，这是我唯一知道的事情。我希望向所有人证明，我能够把公事和私事分开。我是个职业球员，我对工作很严肃。"C罗后来说起这件事时表示。

"我想为我父亲踢好这场球。"

从那时开始，C罗对于球场的饥渴和决心变得更加强大，尽管他获得了英超和西甲联赛冠军和欧冠冠军，以及金球奖、金靴奖和其他更多的奖项。

C罗的故事表明，逆境会增强人的实力；永远不要停止为自己和自己的天赋感到快乐，要一如既往地使自己变成更好的自己。如果内马尔想实现所有的天赋和他的雄心壮志，C罗的故事无疑就像一座灯塔。如果你把内马尔、C罗和里奥内尔·梅西所创造出的数据作比较，你就会发现内马尔的伟大之处。

2012年2月5日，内马尔用第100个职业进球来庆祝他的20岁生日。他把这粒球带回了家，作为对帕尔梅拉斯一战的纪念品。从他的进球来看，这100个球中有70个是右脚进球，21个是左脚，1个是用肩膀挺进的，1个是胸部进球，还有7个头球。相比之下，贝利在17岁时就累计进了100个球，而梅西在22岁、C罗在23岁时也各自达到了自己的100个进球里程碑。

在2013年6月前往巴塞罗那之前，内马尔为桑托斯和巴西国家队累计出场257次，共打入156个进球。这比C罗和梅西在相同岁数时创造的进球数多了整整100多个。

在一个由苏亚雷斯主持的巴西脱口秀节目中，内马尔在一场关于球员的对话中被拿来和其他巨星作比较。

"和所向披靡的贝利作比较是我莫大的荣幸。贝利、罗纳尔多、梅西、C罗——这些普通人无法相媲美的球星们，已经到达了难以企及的高度。现如今——我认为，梅西是世界上最棒的球员。"内马尔说。

内马尔并没有在访谈中自我标榜，这个"南美之王"相当谦虚。他们之间的比较是自然而然的事。

巨星对他来说似乎已经触手可及，但他尚未到达那里。如果你想征服世界，为未来的雕像奠定根基，那么奥运会金牌无疑是一个很好的开始。

奥林匹克之泪

奥林匹克运动会（奥运会）和巴西足球似乎总是不相容的。

这是足球界的一大谜团。事实上，巴西在奥运会上从没有拿到过一块足球金牌。

并不是说巴西从来没有尝试过在奥运会上夺金。1952年到1976年之间，奥运会限制职业球员参赛，巴西选去参赛的年轻人和业余球员并没有实现什么突破，但是在1984年的洛杉矶奥运会上，对参加过5次以上成年人国家队比赛的职业球员的限制被取消后，巴西队一路直冲杀进决赛。最终比分落后于对手法国，获得银牌成了巴西人永久的刺痛。4年之后的首尔奥运会上，巴西再一次杀入决赛，但是这次苏联夺得了金牌。这届比赛的最佳射手是攻入7个进球的罗马里奥。

2008年的北京奥运会，巴西则获得了铜牌。

不过在2012年的伦敦奥运会上将会有所不同。巴西队从一开始就非常清楚："我们是冲着金牌去的。"

甚至国际足联也希望巴西能够交上好运。

"我希望巴西能夺得金牌。他们在足球界几乎囊括了所有大奖，除了奥运会的足球金牌。或许这次有内马尔，他们可以做得到。"国际足联主席塞普·布拉特在比赛前如是说。

马诺·梅内塞斯（巴西队主教练）拥有一支强大的队伍。球队里的蒂亚戈·席尔瓦、奥斯卡、卢卡斯·莫拉、莱安德罗·达米昂、浩克、帕托和内马尔都是在欧洲最强联赛榜首常见的名字。这些名字理应能够带领巴西登上领奖台，奏响巴西的国歌。

奥运会足球赛有自己的节奏。比赛场地往往在奥运村以外，而且比赛也被安排在奥林匹克火炬点燃之前开始。球员必须小于23岁，但是每队也可以有3个超出年龄的球员列入名单。

在比赛正式开始前的热身赛上，巴西遭遇了东道主，由有点年纪的瑞恩·吉格斯作为队长率领的一支合并的大不列颠队。这支球队只想赢得金牌。内马尔主罚点球，使最终比分定格在2∶0，这是一场一边倒的比赛。

小组赛的名单则是由埃及、白俄罗斯和新西兰这三个极其容易被踢出局的球赛"前菜"组成。

在和埃及对战30分钟后，内马尔就打进了他在奥运会赛场上的第1个球。他用头顶向浩克的一记传中进了一球，这个动作几乎是他职业生涯中第一个进球的翻版。这一次他并没有跳到半空紧握拳头向贝利致敬，而是把他的大拇指放进嘴巴作为对儿子的祝福。最终比分为3∶2，唯一使人感到兴奋的是从比赛开场到中场休息，巴西一直以3：0遥遥领先。

在对战白俄罗斯的比赛中内马尔又打进一球。他在罚球区几米远之外的位置远角射入一个任意球，这是他职业生涯里最漂亮的进球之一。巴西以3：1挺进淘汰赛，而在与新西兰的淘汰赛中后者最终以0：3被淘汰。

四分之一决赛上巴西以3：2险胜洪都拉斯，这场比赛并非是完美无缺的。内马尔获得一记12码的点球，他显得十分镇定，而教练也对他充满信心。他深吸了一口气，高速跑向罚球点，以一记猝不及防的射门射入守门员右上角。

在半决赛上巴西遭遇了足球强国韩国，以3：0晋升决赛。内马尔已向众人证明了他的看家本领：调皮的个性化运球，传球时看向队友的眼神和进球时的眼神，良好的头球和任意球，还有定位球得分能力。内马尔机敏过人。在这场比赛中，巴西队只有两位球员的风头盖过了内马尔。在进球方面，莱安德罗、达米昂要比内马尔更胜一筹。莱安德罗，这位在奥运会开赛前只相信教练马诺·梅内塞斯的高大球员，凭借6粒进球让所有认为他配不上巴西队的人都闭上了嘴。但总体而言，备受鼓舞的奥斯卡才是巴西队的最佳球员。他向世人证明了为什么切尔西愿意为他支付超过3200万欧元的转会费。

最后的决赛，等待他们的是才华横溢的墨西哥队。

这是对巴西主教练马诺·梅内塞斯和初次参加世界级重要比赛的内马尔的最后考验。马诺·梅内塞斯需要借此来证明他的执教实力，而内马尔也需要证明他正是巴西足球的未来。内马尔的梦想很大，他渴望赢得比赛。对他来说，这将是巴西的荣誉，且至少也是他儿子的荣誉。

"谁知道呢，或许有一天大卫·卢卡会告诉全世界他爸爸是一个奥运冠军。"内马尔在《环球体育》的一次采访中说道。

"我们都很清楚我们必须获得金牌，巴西必须努力在所有参与的锦标赛中获得金牌。这次我们更加迫切地渴望金牌，因为我们从来没有在奥运会足球赛事中赢过冠军奖牌。"马诺·梅内塞斯在比赛前夕说道。

巴西队并没有踢好这场球，内马尔也不例外，在这场比赛中他频频犯规。在伦敦温布利大球场，墨西哥国奥队以2：1的比分熠熠生辉——这个结果出人意料，让巴西人失望透顶，对马诺·梅内塞斯来说也成了一个无情的打击。他的团队在这最后的90分钟比赛之前一直是巴西一流球员的代表，而那些关于他不再执教巴西队的批评听起来也相当可信。

内马尔和其他一些球员的眼泪也宣告了对这场比赛失利的失望。内马尔低垂着头蹲坐在地上，他的队友卢卡斯·莫拉在一旁安慰着他。当他回到桑托斯的时候，他再也不能告诉他的儿子爸爸是奥运冠军了。

这个奥运诅咒依然存在着。

奥运会给当时效力于桑托斯的内马尔的2012赛季留下了一个印记。因为奥运会的比赛和国家队的训练，他只参加了17场巴甲（巴西足球甲级联赛）比赛。尽管如此，他在这个赛季依然为桑托斯交出了一份47场43球的好成绩。而在国家队，他也交出了让人难忘的11场9球的答卷。

这一赛季的成就足以让他加冕为"南美之王"，在接下去的赛季，他依旧是南美最棒的足球运动员。

世界杯开赛前的恐慌

亚马逊竞技场的航拍照片看上去更像是流星陨落撞击地球后的画面，而不是距2014世界杯开赛仅剩1年半之时，场馆建址该有的模样。

国际足联的立场极其明确。其秘书长杰罗姆·瓦尔克甚至说必须在巴西屁股上踢一脚才能推动世界杯筹办工作顺利进行。巴西理应在2014年1月就把基础设施完善好，迎接第一支来到巴西的队伍，安排好他们在比赛期间的住宿。

航拍的塞拉杜拉达体育场看上去平淡无奇，但是当你点击放大看的时候，你就会看到绝望和心智的毁灭，而不仅仅是物质的破坏。

空气中弥漫着一种让人厌恶的味道，就像那场和阿根廷的南美超级杯，两国都派出了最优秀的球员参加比赛。虽然这场比赛最后巴西以2：1获胜，但是球迷们并不买账；根据观众的评价，这场比赛的场面太难看，大家尖叫着向梅内塞斯骂脏话。这是一场抗议梅内塞斯进入巴西队前主教练邓加领地的运动。

巴西队的现状让老将罗马里奥感觉到了担忧。他担心在马诺·梅内塞斯的掌舵下巴西是否还有角逐世界杯冠军的机会。他停下了自己正常的政治议程，投身于解雇主教练的尖锐攻击中。他在议会上站起来，直接对巴西总统迪尔玛·罗塞夫陈述道：

"如果照这样的情况继续发展下去，巴西甚至都有可能进不了世界杯淘汰赛。您是否应该采取一些措施？我们还要让这种不体面的情况持续多久？迪尔玛总统，看在上帝的份上，让体育部做出一个决定吧。您完全有权进行干涉。"

2012年11月22日，马诺·梅内塞斯被解职，取而代之的是由路易斯·菲利佩·斯科拉里和卡洛斯·佩雷拉组成的豪华教练组阵容。打进美洲杯四分之一决赛和奥运会银牌都没能够让马诺继续留下来。巴西国家队的第1001场比赛将会是马诺·梅内塞斯的最后一战。

距世界杯开赛已不到两年，此时的换帅似乎成了应对惊慌的最后举措。

20世纪70年代的足坛老将托斯陶在他的报纸专栏上表露了他的悲伤：

"两年来，马诺所做的其实是功大于过。在球场上，他带领的队伍明显要比对手高明，可以完成更多次的传球。这也是曾经的巴西风格。"

斯科拉里是一个非常有能力的主教练，他曾将巴西所有的足球巨星召入国家队，并在2002年率队夺得了世界杯冠军。该年的世界杯过后，他又作为葡萄牙国家队主教练再续辉煌，带领葡萄牙勇夺欧锦赛银牌并踢进世界杯半决赛。但后来他先后加盟的3家俱乐部——切尔西、本尤德科和帕尔梅拉斯都对他感到十分失望。在切尔西，他从来没有获得过球员的尊重，他们抱怨训练的强度不够。而在本尤德科时，他虽然以每年1300万欧元的收入成为世界上收入最高的足球主教练，可他甚至连赢得亚冠冠军的边都没沾过。他在帕尔梅拉斯任主教练时确实赢得了巴西杯冠军，但却也带领这支巴西杯冠军队惨遭降级。

斯科拉里很可能是世界足球史上唯一一个曾带领一流的俱乐部从顶级联赛上被降级后又被聘为巴西国家队主教练的人了。

因为在巴西，他仍旧是一个很受欢迎的人。他的名字和2002年世界杯冠军联系在一起，没有人能取走他的经历。在南美超级杯上，当球迷们受够了梅内塞斯时，他们便高呼斯科拉里的名字。对于马诺而言，他没有辉煌的过去，只有平淡的当前，因此他并不是一个最好的选择。要么胜利，要么失败，没有处于两者之间的选择。

在上任后不久，斯科拉里就接受了国际足联官网的一次采访。作为帕尔梅拉斯的前主教练，他被问到谁是他最喜欢的球员，且至今仍然和他站在一起，而不是站在反对他的立场。这其实是一个有点诱导性的问题，想了一会儿，斯科拉里就咬定说：

"好吧，我给你一个名字，他就是内马尔！当然，在帕尔梅拉斯的时候，我就很开心他也在俱乐部里，现在他能站在我这边，无疑是非常棒的。"斯科拉里说。

等待他的是一项艰巨的任务，这和1958年时任主教练费奥拉（Feola）面对17岁的贝利、20世纪90年代时任主教练佩雷拉和扎加洛面对罗纳尔多时的任务没有什么区别。巴西最具代表性的偶像球员都有一个共同倾向，那就是在他们很年轻的时候，就有巨大的责任强加在他们身上，所以斯科拉里并不担心他最好的球员参与这场世界杯时只有22岁的年龄。

"总体来看，我并不会因为他年龄尚小而有所担心。当然，这需要坚强的性格和能够保持冷静的头脑。内马尔因为个人的能力而成为偶像，但这还不够。他需要成为全队的领袖。对于教练组的工作人员，我们对内马尔的位置有一个共识，就是让他意识到这一点。我们的大明星将是这个20岁出头的小伙子，这并没有什么错。"斯科拉里用他一贯冷静的"一切都会好的"态度说道。

2004年的欧锦赛，在强大的葡萄牙队里就有年仅19岁的C罗。比较C罗和内马尔，他就有了充分的信心基础。

"我知道C罗有多敬业。我知道他持续不断地进步，在体力和技术上有多努力才成了世界一流球员。内马尔和他有很多地方很相似。内马尔不需要去了欧洲才能成为世界一流球员。莫西（桑托斯的主教练）和内马尔共事的那段时间发生了很多事。你可以看到他的态度是如何变得成熟的，他在球场上的战术定位是如何提高的。每个知道内马尔的人都清楚在近些年他前进了好几大步，而他也很希望能提高更多。"

斯科拉里作为主教练的第一场比赛，就把马诺·梅内塞斯的工作全部倒带，再一次从头开始。他对50个球员的队伍进行了削减，组成一支有望使巴西夺得世界杯冠军的球队阵容。这场比赛就是2013年2月6日在英格兰温布利球场进行的友谊赛。

斯科拉里削减后的第一支11人球队名单如下：

朱利奥·塞萨尔 — 丹尼尔·阿尔维斯、大卫·路易斯（队长）、丹特 — 拉米雷斯、阿德里亚诺、奥斯卡、保利尼奥 — 法比亚诺、罗纳尔迪尼奥和内马尔。

内马尔，现在剪了一头漂白后的运动短发，在比赛前几天因为他说不见得英格兰是世界杯冠军的有力竞争者而为自己惹上了麻烦。

"他们对鲁尼的依赖太大。但你看其他的球员，就很难看出谁能够为英格兰队赢得比赛。英格兰的实力不能和西班牙、阿根廷相比。"他说道。这下他便把自己的头直接扣进英格兰雄狮的嘴里了。

说起足球，只有英格兰人和德国人可以与巴西人一较民族情怀。英格兰人对自身在足球史上的事实通常显得更加自豪和乐观，这则评论显然让英格兰人心里大为恼火。

出乎意料的是，英格兰人在温布利球场上左右了比赛。

斯科拉里让被梅内塞斯罚坐冷板凳的罗纳尔迪尼奥和路易·法比亚诺复出。这个决定看上去不怎么好。法比亚诺是圣保罗队的主要射手，由于他有在英超踢球的经验，所以他出场可以对付英格兰的防守球员们。罗纳尔迪尼奥在米内罗竞技俱乐部时有过很好的一个赛季，但他的速度比他在巴塞罗那时的光辉岁月已经慢了太多。他甚至错失了一个点球，而且破坏了内马尔的一次补射，这是他的第100场国家队比赛，为了庆祝，他当时穿着100号球衣。第三把攻门利器内马尔，也不太像那个在巴西国内联赛上随意折磨后卫的内马尔了。反而是切尔西可靠的防守中坚加里·卡希尔看上去像是在折磨内马尔，把他锁在原位无法挣脱。事实上，我们很少看到内马尔会遇到如此窘况。

37分钟后，内马尔有了机会把注意力转移到他作为一名球员所擅长的领域上，他的能力在比赛之前就已被英国数百家媒体专栏争相报道。一个向远侧门柱的传球几乎恰好落在了离内马尔不远的无人防守区域，但内马尔的助跑错失了时机，他把球踢到了乔·哈特的球门后面。具有讽刺意味的是，鲁尼提早给英格兰队带来了引领全局的时刻。在下半场，斯科拉里换上了另一张熟悉的面孔，弗鲁米嫩塞队的复出前锋弗雷德，他本来是法国里昂俱乐部一名前途无量的球员，但是受伤影响了他的发展。下半场防守他的英格兰球员卡希尔的分心使他传球给了经验丰富的队员，一记偷袭进球，让巴西队成功扳平了比分。

英格兰人在比赛中发挥得十分出色，当弗兰克·兰帕德的一记进球让比分跃至决定输赢的2：1时，英格兰队已是当之无愧的赢家。纵观历史，这场比赛可能是英格兰队在罗伊·霍奇森的带领下最棒的表现了。

内马尔的表现真是让人大跌眼镜。社交媒体对他所下的言论是残酷的。巴西主流网媒的评论问道，作为一个聪明人，内马尔为什么不去欧洲接触更棒的对手来提升自己。这是一个永恒的话题。

"在巴西联赛中表现优异并不等于在对阵欧洲超级联赛的球员时也能如此，这之间有很大的差别。"一名巴西《环球报》的粉丝写道。

在这场比赛之后的几天，舆论当然也都没有顺着内马尔。人们因为对结果失望而做出尖刻生硬的评价是一回事，但当一个对决策产生过影响、曾建议内马尔留在桑托斯不要去欧洲的人也开始指责内马尔时，就是另一回事了。

在《圣保罗报》上，贝利发表了一份异常的声明。看得出来"球王"

很生气。从前他认为对内马尔而言最好的选择就是待在桑托斯，就像他自己在职业生涯的大部分时间内做的那样，然而，如今这一幻想彻底粉碎了。这个此前说服内马尔父亲他儿子应该和桑托斯续约的人已然变成了另一个人，他开始担心巴西可能会在本土举办的世界杯上惨败。

"我对我们国家队的情况表示很忧虑。3年来在教练马诺·梅内塞斯的带领下，我们并没有获得任何经验。"贝利说道，并把矛头指向了内马尔。

"国家队在欧洲的所有比赛上，内马尔的表现都不佳。每次他都像是一个普通球员。每个人都相信他可以解决我们的问题，但内马尔却还未做好承担压力的准备。他没有在国外的俱乐部待过。欧洲足球和南美足球很不一样。在我的老东家桑托斯，每个人都说内马尔是世界一流球员，但他却似乎更在乎自己在媒体面前的形象，而不是如何在国家队踢好球。他更在乎自己的风格和发型。"

唔，难道不是贝利一直在吹嘘他的莫西干发型，反复劝说并论证内马尔留在桑托斯会更好吗？

那当然是他说的，如今他做出的尖锐批评也招来了反对。内马尔的经纪人瓦格纳·里贝伊罗，对这些言语感到很愤怒。

"贝利应该在家照顾孙子，而不是在这儿对内马尔指手画脚。这是赤裸裸的嫉妒。如果贝利是生活在当代的球员，他未必能比得上内马尔。在他那个年代，后卫的速度都很慢，而那时球员间的对抗水准也远不能同今日相比。"

浓密的乌云再一次聚集在巴西足球的头上，网络上似乎也酝酿着一场动乱。

推特上的麻烦

球员们都爱用社交网络推特。

这给了他们一个不需要通过媒体就可以直接发布信息的媒介，不仅可以避免断章取义，还可以和粉丝们直接互动。球员们可以在推特上随心所欲地发布图片，让自己的追随者们洞察荧幕背后独特的足球世界。

每条推特限140个字符，或者也可以发一张图片，这样就有了互动。

在内马尔的个人推特上，有超过700万粉丝关注着他每天去了哪里，在球场内外干了些什么，等等。

内马尔经常会分享一些在训练场上或者在更衣室里好笑但无伤大雅的照片。他对发布他儿子的照片和其他一些亲密的私人照毫不忌讳，不过现在还有比这更重要的。一些自发的缺乏思考的小段子也占了内马尔推特内容的一部分。

这些信息并不都是经过认真思考的，所以当内马尔在几百万的粉丝关注下发布这140个字符的内容后，它们便会迅速成为爆炸性的新闻，在全世界体育类报纸的头版头条上刊登出来。内马尔无意识的愤怒曾有一次攻击到了裁判桑德罗·梅拉·里奇。里奇并不喜欢被叫作"巡逻的小偷裁判"，他对内马尔提起了诉讼。他赢了官司并且得到了大约6000欧元的补偿。内马尔的辩护律师则称，这是内马尔的一个朋友借走了内马尔的手机而写的一则信息。

但是法官并不买账。

巴西败给英格兰后的余震，就在推特上掀起了轩然大波。

但这次，内马尔仅负有间接责任。

乔伊·巴顿是一名英格兰的中场球员，以其野蛮到几乎恶毒的场上行为而为人所知。他的一系列违反纪律的行为简直让人毛骨悚然。他的古怪行为包括在英格兰足球总会的3次暴力行为指控，因为与人发生冲突而在监狱里待了77天，以及在一次圣诞派对上用一根雪茄戳了队友的眼睛。在推特上他也是一个很有争议的人。

他曾经在推特上把自己在曼彻斯特的前队友德国人迪特尔·哈曼比作蛆虫和狗。还有很多的同事也都中了巴顿的恶言恶语。

内马尔在英巴之战中的不良表现给巴顿留下了编造闲言碎语的把柄：

内马尔这家伙太被高估了……我才不会付他四五千万欧元的年薪呢[呕吐！]真是自找麻烦。没有丝毫机会啊非作秀的矮种马。

面对巴顿的言论，内马尔却回应得相当温和。

"我压根儿不知道这人是谁。但这种人有张嘴难免就会信口胡诌。我现在只专注于我在巴西队的工作。"

香蕉和广告

2011年3月，在巴西和苏格兰的比赛中，一只香蕉凭空降落在内马尔的脚边。这里面是否有种族主义动机？内马尔相信答案是肯定的。

"种族主义气氛让人感到悲哀。我们远离家乡在这里踢比赛，却发生了这种事情。我宁愿不对这个话题发表评论，以免使问题升级。"内马尔在完成一次出色的表现、进了这场比赛仅有的2球后说道。

苏格兰足球协会（SFA）对内马尔的声明感到很无语，因为事情虽然发生在英国，但香蕉是一名和巴西球迷们坐在一起的德国游客扔的。这名德国游客否认了扔香蕉背后的种族主义动机，而苏格兰人也要求内马尔公开道歉。

这份声明写着"苏格兰球迷应得到他的道歉"，但内马尔表示并不愿意道歉。

"我只是感到很遗憾，虽然我的谴责带有偏见。我不认为我曾指责过任何人，所以我不明白需要我收回什么。考虑到所发生的一切，苏格兰球迷们的要求似乎有点让人啼笑皆非，我们的球员才是应该要求获得正式道歉的那一方。"

巴西球员经常被人称作是猴子——比如有一次他们出访阿根廷时，阿根廷的俱乐部或国家队就是这么称呼他们的。所以，把被香蕉扔这种事情理解成种族主义行为也是符合逻辑的。

作为一名球员，尽管有很多人尊敬和喜爱内马尔，但他同样也经历过来自外界的羞辱和嘲弄。虽然别人可能不是故意的，但他也受到了伤害。

在各种各样的网络论坛上，内马尔也曾被人起过一个可笑的名字"盖马尔"（Gaymar），因为他在为路博的男士袜子和内衣做广告代言人时，做出过一些古怪的同性恋行为。

在广告中，内马尔为了说服女性顾客买衣服，穿着袜子和短裤，衣着暴露地围着她们翩翩起舞，但是当一名男性顾客进入店内选择内衣裤时，这位巴西巨星避过了这名顾客，走出了商店。那儿显然不是他应该待的地方。

这引发了巴西同性恋群体的愤怒，他们认为这则广告含有明显的同性恋和性别歧视倾向。

"我在电视上看到了你们公司的这则广告，作为一名同性恋者，我觉得这则广告非常无礼，也很愚蠢……从现在开始，你作为一个品牌和公司所展示出来的，让我（和大家）都感到很恶心。"一名顾客在路博公司的脸谱网帐户中留言道。

　　路博公司为这则广告和它引发的麻烦负了全责，从而保护了内马尔的个人形象。

　　"这则广告并没有任何对同性恋的歧视。我们完全尊重所有购买我们产品的客户，不管他们属于哪个社会阶层、种族、宗教和性别。内马尔从这位男性顾客身边溜开仅仅是为了给这则广告增加一点幽默感。"

　　内马尔是百万儿童的榜样，他在被雷达捕捉每一个精彩瞬间的同时，所犯下的每一个错误也被跟踪着，而后者无疑会被夸大，然后作为头版头条的素材。内马尔唯一可以确信的是，无论他说什么、怎么做或者看上去如何，他都不可能完全取悦每一个人。

不可能完成的任务

随着巴西世界杯时间越来越近，在巴西国内，内马尔也越来越多地被问到面对如何赢得本土世界杯冠军的压力问题。这些压力源于要破除1950年巴西本土世界杯失利的魔咒，让巴西人重拾自信与自豪。内马尔的回答是经过深思熟虑的，他并没有表现出任何巴西国家队在世界杯比赛前夕普遍出现的恐慌感。

"我并不认为这对我来说有巨大压力。因为世界杯在巴西举办，所以对于国家队来说压力就翻倍了。巴西队争夺任何一届世界杯冠军都是传统使然。我们必须忽视这些压力，像我们平常所表现的那样去踢好每一场比赛。"

另外一些时候，他的回答却又是挺现实的。

"巴西国家队在世界有着极高的知名度，也深受人们喜爱，而球队里也总是有许多王牌球员，对手往往都很敬重甚至惧怕巴西国家队。但是我们现在不能再倚靠这些了。这些年以来，各国的国家队愈加势均力敌，所有的队伍里面都有一流的球员。这些队员们在体力和速度上都很棒，因而各国的水平又进一步拉近了。如今无论你在哪一个国家队，想要赢得比赛都比过去更难了。这就是我从美洲杯和奥运会上所学到的。"

2013年4月，当内马尔和他的队友们在友谊赛上遭遇智利队时，现实又一次刺痛了他们。在欧洲足球比赛扎堆的赛期，主教练斯科拉里召入了巴西足球甲级联赛的球员阵容，但即便如此，从技术上看，显然最出众的还是内马尔（现在他留着一头黑色的运动短发，还有鬓角）、达米昂、帕托、罗纳尔迪尼奥和保利尼奥这些众所周知的名字。有超过5万人观看了位于贝洛奥里藏特市米内罗球场的这场比赛。

在巴西队的两粒进球中，内马尔都发挥了关键作用。他助攻雷维尔打进一球，又将帕托的传球攻入，一度将比分刷新至2：1，但这还无法满足挑剔的球迷们，他们喝了好几次倒彩。事实上球员们应该庆幸对手智利队没能发挥出好的状态。

但是，当比赛进行到第64分钟时，智利队以2：2扳平了比分，于是看台上球迷的不满情绪越加严重。比赛最终以2：2打成平局，而这个结果原本可能会更糟糕。巴西国家队的情绪一下子跌到了谷底，巴西球员们的心在米内罗球场也仿佛被冻成了冰块。尤其是内马尔，在全场比赛中成了球迷们喝倒彩的首要对象。

"这是一项不可能完成的使命。"内马尔讲到如何才能满足巴西球迷的期望时说道。

"没人喜欢被自己国家的球迷喝倒彩，但是当我们和国家队一起的时候，倒彩几乎到处都是。这让人感到难过和悲伤，也影响到了我们在球场上的发挥，但我们仍旧希望下一场比赛能够更加顺利。"内马尔在赛后说道，显然他是有点被惹恼了。

"感谢你们的帮助。"临别时候他留下了这样一句似乎颇不是味儿的话。

事实上，最有可能喝倒彩的是那些来自贝洛奥里藏特或者米内罗竞技队和克鲁塞罗的球迷，他们自然不喜欢来自其他俱乐部的国家队球员们，特别是当后者表现不佳时——就像这次和智利队的比赛一样。

当内马尔回到家乡桑托斯时，人们对于他的归来明显要友善得多。并非每一个巴西人都像在米内罗球场里的球迷们一样。在下一场桑托斯的维拉·贝尔米洛主场比赛上，内马尔看到了好几面"热血青年"和其他球迷的旗帜，上面写着：

内马尔——我们永远挺你。
内马尔——所有孩子们的偶像明星。
我们是巴西队忠实的粉丝。
内马尔，我们为你而骄傲。

巴塞罗那：童年的梦想

2013年早些时候，健康问题让桑托斯主席路易斯·阿尔瓦罗·里贝伊罗重新在媒体上露面。

2月28日，他因为呼吸困难而住进了圣保罗的阿尔伯特·爱因斯坦医院，在心脏检查之后进行了肺部切片检查，直到3月12日医生才允许他有45天的病假。

"加油，老人！"桑托斯俱乐部在其官方网站的主席照片旁边写道。

加油，老人！

主席健康出问题的时间和内马尔考虑是否要续签合同至2014年以后的时间恰好撞在了一起。代替里贝伊罗的俱乐部副主席奥迪利奥·罗德里格斯成了探讨内马尔未来去向的主要对象，但他在试图转述事实时虽然缺乏里贝伊罗的睿智。

"说我们正在考虑续约内马尔，这个消息是失实的。"4月份奥迪利奥在接受西班牙《体育世界报》采访时的这句话被他认为是曲解了他的意思，因此他有点勃然大怒。

奥迪利奥觉得这次"出牌"需要尽可能接近他的想法有一个非常好的理由。无风不起浪，在喊了很多次"狼来了"之后，狼可能真的就出现了，就像彼得在这个故事中所学到的一样。

2013年5月，西班牙媒体关于内马尔这一次将签约何处的掰手腕比赛分成了两个阵营，加泰罗尼亚报界站在了内马尔签约巴塞罗那这一边，而亲马德里的《马卡报》则站在了皇家马德里这一边。

内马尔的回答在这场关于他未来的"肥皂剧"中变得更加闪烁其词，记者接连不断地追问答案：你会留下来吗？或者你要走了吗？要去哪里？

"我决定留在桑托斯。"内马尔说。但5月20日，在圣保罗州锦标赛之后的年度颁奖盛典上，他的眼神和表情完全讲述了另一个版本的故事。幸运的是记者对他的头发和鞋子更感兴趣，因而他才在关于他未来去向的话题上得以脱身。

看到了火光，狼就来了。在巴塞罗那俱乐部的南美洲经理人安德烈·科瑞和他的同事看来，皇家马德里俱乐部的代表们也挖掘到了金库钥匙，威胁要毁掉竞争对手的如意算盘。巴塞罗那和皇家马德里都对内马尔势在必得。

与此同时，里奥内尔·梅西的观点非常明确。他在5月22日说：

"内马尔将会是我们最了不起的一笔投资，他是少数在球场上极具创造力的球员中的一个。"

2013年5月24日，礼拜六，这是颇具重要意义的一天。内马尔最好的朋友保罗·恩里克·甘索在这一天大婚，内马尔是伴郎，当他在教堂对面为仪仗队整理队形时，他未来的去从已经尘埃落定。巴塞罗那是最后的赢家。欧洲时间凌晨3点30分，大约是巴西的午夜时分，内马尔在Instagram账户里发了这样一则官方消息：

"我就不等到礼拜一再公布了，我的家人和朋友们知道了我的决定，礼拜一我将签约巴塞罗那。"

"应该由内马尔和他的家人来决定他真正想要得到的是什么，我们的管理层同意了这个签约时间。"桑托斯俱乐部副主席奥迪利奥·罗德里格斯说道。

巴塞罗那俱乐部随即也发表了一份官方声明，称内马尔是21世界的巴西"球王"，并提到了20世纪的"球王"贝利。这是巴塞罗那主席桑德罗·罗塞尔的一次伟大胜利，也是对皇家马德里主席弗洛伦蒂诺·佩雷斯的一记重大打击，后者几乎总能买到他想要的球员，特别是在21世纪初的巨星云集时代，他曾签下了路易斯·菲戈、罗纳尔多、齐达内和大卫·贝克汉姆。

"最近15个世界最棒的球员中有10个去了巴塞罗那。来巴塞罗那，成为世界一流吧。"巴塞罗那南美经理人安德烈·科瑞沾沾自喜地在加泰罗尼亚的巴萨获胜之后说道。

根据巴塞罗那俱乐部副主席何塞普·玛丽亚·巴托梅乌的说法，他们总共为内马尔支付了5700万欧元的转会费，这也使他成了历史上身价第8高的足球运动员。

早在2011年，巴塞罗那俱乐部就为内马尔在合同期满前支付了1000万欧元的定金。据称如果此笔合约破裂，那么合同双方需要支付一定的违约金。

由于内马尔和桑托斯俱乐部的合约关系是多方面的，因此这份合约涉及好几方的交易，其细节处理必然是很复杂的。桑托斯持有55%的经济权利，而另外两个第三方投资集团DIS和TEISA分别持有40%和5%的经济权利。

纵观整个事件，桑托斯俱乐部的行政管理层对巴塞罗那的好感远远超过对自负的皇家马德里的好感。尽管皇家马德里也声称如果内马尔加盟皇家马德里，俱乐部将愿意支付1.5亿欧元的转会费。

"3年之前，我们也差点和内马尔签约了，但桑托斯不同意！" 弗洛伦蒂诺·佩雷斯说。

如今内马尔是一个特别快乐的年轻人，关于他未来去向的新闻已被全世界的媒体所知晓。

"这是我人生中最快乐的一天。"次日，他在桑托斯的维拉·贝尔米洛体育场上宣布。

没有比这更合适的了：在内马尔代表桑托斯出战的最后一场比赛中，桑托斯的对手正是弗拉门戈队。而也正是在2011年对战弗拉门戈的比赛中，内马尔打入了该年度的世界最佳进球，这记进球也是他个人职业生涯中迄今为止最漂亮的一记进球，让"内马尔"这个名字作为球员和品牌传遍全球。

2013年5月26日，内马尔乘坐私人飞机飞离甘索的婚宴，到达巴西首都巴西利亚，同他父亲和智囊团一起住在一家宾馆里。大约有200个粉丝前来，但因为内马尔要赶下午的一场球赛，他要求粉丝给自己一点安静的空间。加查林体育场的巴甲联赛新赛季的开幕仪式让人印象深刻，当天内马尔意识到了自己的情绪，比赛前他在推特上发了这么一句话：

愿上帝祝福和保佑我们！今天我只希望有一个好结局。

几小时之后，当全场63501人唱响巴西国歌时，泪水划过他的脸庞。情绪对内马尔的影响很大，他并没有踢好这场比赛。弗拉门戈的球迷们嘲笑他，桑托斯的球迷们为他欢呼，就像先前预料的一样。

内马尔代表桑托斯出战的最后一场比赛，比分被定格在了0：0。

防守中场阿罗卡在比赛结束后暗示说，球队的心情是既喜悦又悲伤的。

"我们对于内马尔的离开很感伤。我们很难过他要走了，但同时我们也为他能实现自己在欧洲踢球的梦想而高兴。"

他在巴塞罗那的新主教练蒂托·比拉诺瓦坚信内马尔会取得成功。

"我要祝贺内马尔，他选择了足球而不是金钱。我确信还有很多其他的俱乐部愿意给出远远高于我们的薪酬。他在谈判桌上也说得很明白，但我们需要考虑俱乐部里其他的球员。我们对他在欧洲赛场上的表现拭目以待，我们对他有极大的信心。我们将给予他帮助，甚至让他变得更优秀。"

桑提斯塔葡萄牙人队的老教练雷吉纳尔多·菲诺、圣保罗里赛乌以及桑托斯协会也相信内马尔会在巴萨获得成功。

"设想一下：梅西传球给内马尔，内马尔停球再转传给哈维，最后由哈维传至伊涅斯塔。"他激情洋溢地说。

"巴萨的传统和内马尔的风格，也就是巴西足球注重技术和速度的风格很匹配，我相信他能很快适应欧洲球坛。内马尔是一个适应能力很强的球员。他是一个聪明的球员，合作起来很轻松。他想踢比赛，如果能让他参加比赛，他很快就能调整适应过来。他将和父母在一起。这是很多其他在巴萨的巴西球员所没有的附加好处。这个家庭保持着密切的关系。"

内马尔的老顾问贝蒂尼奥相信内马尔会做好充分的准备迎接新的挑战。

"在巴西我们需要大量的球星。在这里，成为球星和成为首相没有什么区别！都肩负着很巨大的压力！每天他都必须表现得更好。也只有事前做好准备他才能应付好各种问题。梅西仍旧是一名超级棒的球员，但内马尔将会在某个时刻被评为世界最佳球员。"

内马尔的同胞丹尼尔·阿尔维斯很期待内马尔的到来：

"我们有过一次交谈，他很高兴能来巴萨。他意识到他是去一家伟大的俱乐部。他很有竞争意识，他知道巴萨的要求，而且也准备好了完成他的那一部分。他非常谦虚。他虽然是一个巨星，但同时也是一个努力工作的人。"

内马尔在比赛之后没有接受媒体的采访，也没有举办记者招待会。不出所料，巴西很受欢迎的节目主持人浮士陶转达了内马尔的最后几句话。

"能和梅西、哈维、伊涅斯塔这样的球员共事是我的荣幸。当然丹尼尔·阿尔维斯也说服我去巴萨。每个孩子都有一个梦想，有的想成为足球运动员，有的想成为医生或者其他。我成为一名巴萨球员的儿时梦想现在终于成真了。"

内马尔去了巴塞罗那之后的日子里，报道和评论如潮水般涌现。根据

《体育画报》的报道，拜仁慕尼黑俱乐部主席乌利·赫内斯强烈地暗示，尽管主教练何塞普·瓜迪奥拉非常希望内马尔能加盟拜仁，但内马尔似乎并不感兴趣。

"瓜迪奥拉希望我们能签下一名年轻的巴西球员，但是我们建议别这么做。从我们以往的经验来看，巴西球员多数都会出现文化和气候方面严重的不适应问题，如果你花二三千万欧元引进他，事情就会变得很复杂。瓜迪奥拉坚持要引进一名有竞争力的球员，所以俱乐部最后签下了马里奥·格策。"

前巴萨球员——巴西的埃德米尔森告诉Esports Cope电台，在巴萨他会站在内马尔的一边。

"我将从9月开始待在巴萨，帮助内马尔度过这段过渡时期。我坚信内马尔能在巴萨获得成功。"

安德烈·伊涅斯塔在一场记者招待会上谈起梅西和内马尔时说："伟大的球员们总能相互理解，里奥和内马尔都会让对方变得更好。足球是一项团队运动，而对于团队来说，如何赢得比赛才是最重要的。内马尔将为此贡献不少。他的天赋远远高于平均水平，这是相当惊人的。他的职业生涯还很长，而他也来到了最理想的俱乐部。"

内马尔在娱乐与体育节目电视网的一次采访中说：

"我们当然能一起踢球。梅西和我能创造出伟大的东西。他很不可思议。我是他的粉丝，我觉得和他一起共事会很轻松。他是个聪明的人，世界上最棒的球员，所以我希望自己能很快适应他的踢球风格。关于这个我想了很久，但现在终于定下来了。我现在更平静了，也更加放松和快乐。

改变总是非常困难的。我很高兴能够实现在巴塞罗那踢球的梦想。这是我儿时的梦想，现在它成真了。我想赢得每一场比赛，尽可能多地赢得各种锦标赛的冠军。"

在一篇社论中，作家卡洛斯·卡皮奥写道：

"皇家马德里和巴塞罗那的收入绝大多数都是基于其球员巨大媒体价值的创收。在这种收入模式里，有3名足球运动员远远地高于其他人：他们是梅西、克里斯蒂亚诺和内马尔。当皇马在2009年签下克里斯蒂亚诺时，白衣军团总算扯平了，但如今巴塞罗那再次打破了这种平衡。加雷斯·贝尔是一个一流的足球运动员，但他仅仅有那个头衔。内马尔就不一样了，他不仅是一个一流的球员，还是一个流行巨星。"

* * *

2013年6月2日，再一次是时候让球技来说话了。

内马尔和巴西队又一次在友谊赛上遭遇了英格兰队，这次比赛是在里约热内卢的马拉卡纳体育场举行的。这是这个传奇的球场经过大改造、把看台座位减少到78000个之后的首场比赛。这座点亮里约热内卢城的UFO形建筑，它的美丽被完好无损地保留了下来。内马尔尽一切努力希望成为在新马拉卡纳球场进球的第一名运动员而名垂青史，但有此雄心壮志的并不只他一个人。整个巴西队都比平常更加欢欣鼓舞。他们在这场比赛中更具进攻性和创造性，仿佛要向这个见证了无数胜利和失败、凯旋和悲伤的老球场致敬。

比赛最后以2：2的平局结束，虽然巴西队的两粒进球里没有内马尔的一份，但他正是在这样一种愉悦积极的气氛中离开，并期待着接下来的比赛：在另一个历史悠久的伟大球场——巴塞罗那的诺坎普球场出场。

内马尔在家人、朋友和女友布鲁娜的陪伴下，飞往巴塞罗那。这架飞机是由前皇马守门员、今日的感性歌手胡里奥·伊格莱西亚斯借给他的。在诺坎普球场，有多达56000名粉丝到现场来欢迎俱乐部的这位新星，看他穿上巴萨的新球衣摆造型，大秀花式点球技法。由于如此众多的粉丝到场欢迎，内马尔进入了那些由伟大球星们组成的团队一员，在这里每一个新球员的亮相都会吸引无数球迷。

当年C罗首次亮相皇马时，有将近8万名粉丝齐聚伯纳乌球场，卡卡也是一样，到场粉丝多达55000人。而在1984年的那不勒斯，迭戈·马拉多纳的亮相同样吸引了75000余人前来欢迎他。

对于内马尔来说，这无疑是不平凡的几周。

这个来自摩基达斯克鲁易斯市的男孩终于实现了他的童年梦想。

在欢迎仪式之后的记者招待会上，内马尔略微透露了一点为什么他会选择巴塞罗那而非皇家马德里的原因。

"巴萨和皇马是两大豪门俱乐部。我很开心它们都想签下我，但我的心和巴萨在一起。尽管这是我们全家的决定，但我是那个最后敲定的人。我转会不是为了钱，钱并不能够打动我……登陆诺坎普球场，看到这么多人，这种感觉很难不让我流泪。我追随我的梦想而活！"

作家内维尔：内马尔很真实

多年以来，有不少巴西球员付出过惨痛的代价，在足球这个黑白分明的世界里，有时候成功和失败之间的界限可谓有如纸薄。在所有最悲惨的命运里，你会发现门将巴博萨（Barbosa）再也没能从1950年马拉卡纳主场世界杯决赛失利的指责声中恢复过来。

2000年，在过世不久前他曾说："巴西的最高刑期是30年，但我却为一件我甚至都不必负责的事情背负了50年。"他指的是人们从未原谅他在1950年世界杯决赛的第79分钟，没能扑开阿希德斯·希吉亚的进球而导致最后比分被定格在1∶2上。巴博萨被拒绝成为一名电视评论员，也被禁止在国家队的训练场上出现。可怜的巴博萨成了厄运的同义词。

另外一个故事是关于阿尔米尔·佩纳姆布奎霍（Almir Pernambuquinho）的，他的优秀足以让他获得"白人贝利"的称号，但他也是1960年巴西足球界的"土匪"。他总是和球场上或者球场下的打架事件牵连在一起。颇具讽刺的是，1973年在科帕卡巴纳的一家酒吧里遭到枪杀时，奄奄一息的他最后一刻还想起来搏斗。

加林查，两届世界杯冠军，深受人民爱戴，却在1983年49岁的时候因酗酒过度而致死。

还有一个关于一颗巴西巨星升起、辉煌和陨落的老故事，那就是埃莱诺的故事。

里约热内卢博塔弗戈"球王"埃莱诺·德·弗雷塔斯因其出色的球场表现，在20世纪40年代名噪一时。他的进球总是看似很随意，他也同样为国家队效力，在18场国际比赛中累计进球达19个。这个里约"王子"因其电影明星一样的英俊和风流倜傥而闻名于世。对手的球迷们总嘲笑他是'吉尔达'——源自瑞塔·海华丝在一部同名电影里塑造的一个性情暴躁的角色。

埃莱诺也被自己暴躁的脾气和严重的心理问题所困扰，最后导致他精神出现问题，年仅39岁就郁郁而终。

当贝利和巴西举国庆祝1958年巴西的第一个世界杯冠军时，埃莱诺在米纳斯吉拉斯的一家医院里，津津有味地看着自己辉煌过去的旧剪报。

《从来没有人像埃莱诺一样》是一部由记者和作家马科斯·爱德华多·内维尔写的关于埃莱诺作为一名球员和个人的传记，之后被改编成一部由何塞·恩里克·丰塞卡拍摄、罗德里格·桑托罗主演的电影。

埃莱诺的故事是球员失去恩宠后最为悲剧的一个例子。他曾拥有一切，又失去了一切，而失去最多的就是他自己。

"埃莱诺受过良好的教育，和卡卡一样出身于一个中上阶层的家庭。"马科斯·内维尔一边说一边补充道：

"从内马尔的家庭背景来看，他是一个典型的巴西足球运动员。与此同时，他也是一个通情达理的人。因此，我不认为他会在球场之外犯下一些严重的错误，从而毁掉他的职业生涯。"

内维尔认为，内马尔在巴西足球界给了巴西球迷新的信念。

"内马尔很真实。他引人注目的踢球风格让人们很怀旧，这是巴西的风格。人们很热爱这种球风，由此他也成了巴西的希望。人们称他为新一代的济科、新一代的罗纳尔多、新一代的罗马里奥。他还是一个男孩，但他可以走得很远——就像我刚提到的3位巨星一样。内马尔拥有成为世界级巨星的一切条件。"

不管内马尔的露面和媒体对他的大力曝光到了什么程度，他已成为如今巴西社交媒体上一个永恒的话题。

"内马尔不断变换着的发型和他的自我为主都让球迷感到疯狂，而且这些似乎和足球没有丝毫关联。不过对于足球来说，巴西人很高兴内马尔在他职业生涯的最初几年是在巴西国内俱乐部效力的。一流的巴西球星往往都是在巴西开始或结束他们的足球生涯。内马尔留在巴西的时间比人们所期望的更长，这也意味着足球体育场里有更多的观众，人们对巴西足球有更大的兴趣。此外，这也意味着巴西的年轻人在本土有自己崇拜的偶像。"内维尔说道。

这位作家也认为，若内马尔能在巴西本土举办的世界杯上赢得冠军，则无疑将是巴西人民众望所归的期待。

　　"梅内塞斯花了很长一段时间才让国家队开始凝聚起来，而正当他准备更换踢法时，他就被解雇了。我们拥有能赢得世界杯冠军的球员们，但国家队在很长一段时间里都缺少和谐。如今，我们认为自己是最棒的，而这本来就应该如此。巴西在自己本土举办的世界杯上不能再失利了，努力赢取这届本土世界杯冠军是国家队每个球员的义务。"

济科：内马尔是一位艺术家

济科坐在他自己的博物馆里面，这座位于里约热内卢巴拉达蒂茹卡区的济科足球中心是属于他自己的小小的足球天堂。在这里他有一个小型的足球运动场、一块精心修剪的绿茵坪和这个在一栋白色塔楼里的博物馆。

济科至今还会每周踢一次球，但这纯粹是为了娱乐。他也很乐意去参加一些慈善比赛，在那里人们经常能看到他和内马尔一起踢球；反之，内马尔亦然。

"我们很不一样。"济科在把这个如今巴西最伟大的球星和20世纪80年代的巴西球星们作比较时说道。

"内马尔就是我们嘴里常说的舞蹈家。他很有艺术感，比我那时多多了。我的球风比较直接，运球几乎都是对准目标去完成的，而内马尔却不是这样，他愿意给观众展现他的技巧和天赋。我们在个人风格方面很不一样。"济科说道。这是闷热的一天，他很随意地穿着短裤和白色马球衫。济科的足球中心被山区的热带雨林所环绕，在远处，温暖的薄雾就像新娘的面纱。和里约热内卢被混凝土代替的都市丛林比起来，这里有的更多是自然美景。济科周围陈列着他职业生涯时期的照片，有玻璃盒子里的旧战靴，还有一些古色古香的奖杯；有瘦骨如柴的小男孩穿着弗拉门戈衣服的照片，还有济科拜见教皇时的照片；出外，还有沙滩上的倒钩球和更多的足球世界里的照片。

虽然内马尔和济科相差了39年，但是他富有传奇色彩的道路和济科并

济科在他位于里约热内卢的训练场

没有什么不同。

阿图尔·安图内斯·科英布拉出生于里约热内卢郊区的贫民窟，他是5个兄弟姐妹中最小的一个，很快他就有了一个昵称，也正是这个昵称让他闻名世界：济科——家族名阿图尔济尼奥（Arthurzinho）的缩写"小阿图尔"的别称。

当小阿图尔在1967年成为弗拉门戈俱乐部的一名室内足球运动员时，他不仅很瘦小，而且还有一口坏牙。在比赛中很明显可以看出他运球的技巧，他两脚射门的能力和他的眼睛一样灵活，因而弗拉门戈俱乐部专门对济科进行了严格的训练，使他得以成为一个非常出色的标志性人物。在20世纪70年代，弗拉门戈的体能教练何塞·罗伯托·弗兰卡拉齐专为济科制定了一整套体能和营养计划，使济科在17岁到21岁之间增重9公斤，长高6厘米。

济科的绰号是"坎蒂尼奥小公鸡"——尽管他的人生发生了转变，这个绰号也越来越没意思，但这个绰号一直持续到了今天，他仍旧以"金鸡"闻名。因为济科便是成功的同义词。

令人垂涎不已的10号是1974年济科在弗拉门戈效力时的球衣号码，并且在接下去的10年里一直是属于他的。对于弗拉门戈的球迷而言，济科就像是最触手可及的"上帝"。而对于很多巴西人来说，他也是整个民族的英雄。正是因为济科，弗拉门戈俱乐部才有底气自称是数百万球迷之家。

因为济科，弗拉门戈赢得7次里约州联赛冠军、4次巴西全国联赛冠军、1次南美解放者杯冠军和1次丰田杯冠军。正是在1981年东京的丰田杯上，弗拉门戈以3∶0横扫利物浦。他创造了731次出场508个进球的纪录。

其中的333个是在主场马拉卡纳体育场所进的球，这个纪录至今未能被打破。济科曾在一个又一个星期天里给无数球迷带来快乐。在1980年弗拉门戈俱乐部成立85周年纪念日之际发表的一篇文章，对"弗拉门戈现象"作了这样的描述：

"应该通过一项要求弗拉门戈每周都参加巴甲比赛而且必须获胜的法律。当弗拉门戈赢球的时候，山头的贫民窟里会有更多的爱意，街头会充斥着甜美的芬芳，生活在浅吟低唱，灵魂变得更加强壮，男人们干更多的活儿，孩子们也会得到更多的礼物。因为灵魂的平静与欢愉，人们更乐意在工作场所和花园里亲吻。"弗拉门戈对于里约热内卢来说是如此重要，因而它被赋予了属于自己的一天：在里约热内卢的日历上，11月17日如今是官方公布的弗拉门戈日。对于那些最热忱的俱乐部球迷来说，济科的生日就像是平安夜。

以国际水平来说，济科是一个从未赢得过世界杯冠军的一流球员。他在为巴西出战的72场比赛中攻入52球，这是十分了不起的成就。他参加过3届世界杯，特别是1982年那届，他是世界杯历史上一支最棒球队的核心人物。济科的职业生涯并不都是在巴西度过的。1983年，30岁的他以720万欧元的丰厚报酬转会去了意大利的乌迪内斯俱乐部。除了广告费和赞助费收益外，他获得240万欧元，其余的480万则直接进了弗拉门戈俱乐部的账户，因为只有这样做俱乐部才能避免破产。

内马尔的窘境和济科很相似：我应该去欧洲还是留在巴西？球迷们尖叫着："留下来吧，济科！"这笔交易无异于背叛。弗拉门戈俱乐部的主席邓希·德·阿布兰谢斯怎么能卖掉济科？济科又怎么能同意呢？

但济科还是去了意大利。他还是割断了球迷们感伤的束缚，选择了自己的路。莫赖斯·莫雷拉在济科离开之后，以自己的情感写了一首名叫《我们想念大公鸡》的歌。

"你一定会回来的。"莫赖斯在这首歌的最后一句这么唱道。

事实证明他是对的。

两年之后，济科回到了弗拉门戈。20世纪90年代初，在他职业生涯的最后几年，他像贝利一样去了一个足球并不发达的国家推广足球。他在日本的4年非常成功，他赢得了整个日本球迷的心。直至今天，日本球迷仍旧会为他而激动不已。他们把济科比作足球之神，在鹿岛的市区，人们甚至为他竖起了一座雕像，它就在体育馆的门口。他的另一个绰号多年来也常常被人提及，那就是"白贝利"，这和"另一个贝利"也没差得太远。如果有足球运动员能够与贝利接近，那么他无疑就是济科。在作为一名足球运动员的职业赛场生涯结束后，他又很快赢得了两次赤脚沙滩足球世界杯，然后以一名俱乐部和国家队教练的身份游走了全世界，所到之处有日本、土耳其、乌兹别克斯坦、俄罗斯、希腊和伊拉克，等等。

"当我看到我能把足球作为职业时，我决定为它付出一切，并下定决心做好我的工作。如今到了我这把年纪，我看到了我所有的努力和汗水都有了回报。我被足球爱好者们所认可，我觉得我已经实现了自我。"济科说道，他的名气帮助他创造了全世界最大的粉丝团体。弗拉门戈俱乐部在巴西的粉丝估计多达3900万人，它自称是全世界最受人喜爱的俱乐部。

"我能够给那些相信我的人们带来欢乐，但我同样明白人们对我的希望和要求也很高。所以我在每场比赛之前都会做好充分的准备，而这也是内马尔今天正在经历的一切。人们有此需要，他便努力去满足此需要。所以他必须非常清楚他的准备是非常重要的，他在球场上需要回馈给球迷以信念和信赖。

济科相信，在巴塞罗那的新生活可能会帮内马尔专注于足球。在桑托斯的后期，内马尔的表现似乎受他作为无时无刻不在的广告角色影响太多。

"从经济上来说，内马尔无须去巴塞罗那便能在巴西赚到一样多的钱。他的代言费就已经很高，他在球场外的收入比之前任何一个巴西球员都高。但是从另一方面来讲，这也影响了他太多。虽然他会在训练场上出现，但比赛中的表现不再像我们所期望的那样好，不过他还是接连不断地在电视广告里出现。"济科一边说一边解释道：

"他开始有点浪费他的天赋了，忘记了他是一个专业的足球运动员。球场之外的东西带走了他所需要的活力。他是一个在球场上被盯防得最紧的球员，所以他需要在每场比赛中都保持良好的体能状态。那就是为什么他去了巴塞罗那反而可能会更好的原因，因为他可以专注于作为一名职业球员的生活。巴塞罗那在保护球员方面做得很好，球员们也能专心踢球，保持良好的体能状态。因而对于巴西国家队来说，他的转会是一个很好的选择。内马尔转会西班牙，这等于说是给了巴西国家队一张王牌。"济科很确信内马尔会成为巴塞罗那著名的红蓝军团里的一道闪电。

"每一名伟大的球员都能很快适应不同的地方，内马尔也一样。另外，他作为一名一流的球员，巴塞罗那也会去适应他。我相信他有在巴萨获得成功所需要的一切东西。"

当济科活跃在巴西本土时，他也是众多大牌球星之一，但他的名声多数是基于他在球场上的能力。当然他在场外也是一名很有吸引力的广告候选人，但也没达到内马尔那种程度。如今，人们很难在打开电视、逛超市或者游走巴西街头时不看到跃入眼前的内马尔头像。很多时候这种感觉就像内马尔在跟踪你。

"在我踢球那会儿，我们只专注于能否成为职业球员，而如今的球员还信奉别的东西。内马尔这一代的球员都是明星，跟我那时相比，他们在足球之外的领域里有了更多的选择。"济科这么说。

这并不是唯一的区别。

"那时我们的球场并没有现在这么好。今天的你们在这么好的球场踢球，草坪就像地毯一样。我们那时是在结块的草场上比赛，尤其是里约热内卢的球场。但这并没有带给我任何困扰，因为我就是玩着街头足球长大的。球是圆的，你让它滚就行了。我们那时的马拉卡纳球场太糟糕了。如今的球员可以漂漂亮亮、干干净净地接到传球。"

但是这么多年来，内马尔和其他任何一个巴西一流球员所承受的压力是一样的，这已成了他们生活里需要学会与之共存的一部分。

"压力太大而我太年轻这类话不会对我产生多大负面影响。作为一名球星，你就背负着人们希望你赢球、进球和获得冠军的压力。事情就是这样的。你踢得越好，人们对你的信念就越强。他们来到球场，对你满怀希望。"济科说。

"我曾经从瓦斯科、博塔弗戈和弗鲁米嫩塞俱乐部的球迷那里听说，他们来马拉卡纳看我踢球，是为了看一场好的比赛和表演。他们不是弗拉门戈的粉丝，但他们会来看我比赛。这就像当桑托斯在里约热内卢比赛时，很多当地人要来看贝利一样。我自己也曾看过很多场加林查的比赛，还有迪达的。我不是博塔弗戈的粉丝，但我想看到这些伟大球星的风采。那也是我对内马尔的感觉，当有内马尔参加的比赛出现在电视里的时候，我就会调过去看。我知道我会看到一个明星球员。"

赤血瞳孔

"我们不缺体育馆，而是缺医院和学校。"

"提倡民主，反对腐败。"

正当全世界把目光聚集在2013年联合会杯时，巴西首都巴西利亚国家体育馆前的数万名示威群众在此时将他们的民意传递给整个世界，可谓是得天时地利。

在苛税和腐败泛滥面前，失望的巴西人民，尤其是年轻人，决心把联赛当作一种武器，来揭穿税收的假公济私之谎，重新开辟被腐败所阻的经济发展之路。巴西人民生活的"天堂"疮痍满布——医院和教育院校破败不堪，工资低廉，物价飞涨。

忍无可忍之日，便是寻求变革之时。

或许，示威者们既是最乐观的年轻一代，也是最激愤的一代。他们要求财政更透明，所有的钱要花在社会进步事业上，而不是用来建造世界杯天价体育馆和举办联合会杯、世界杯和奥林匹克运动会。本来，此时巴西给世人的印象应该是"有能力让一切尽在掌控中"，但事实却正好相反，示威者们自发地聚在脸谱网和推特上，开始斗政客，批当局。

"非暴力"，他们呼喊着行动口号，随之而来的却是警察的雾弹和喷雾。

联合会杯是各洲顶级球队之间的世界杯彩排。

比的既是足球，也是政治。在世界杯大幕拉起之时，一切才真正开始。

于是，当总统迪尔玛·罗塞夫在国家体育馆宣布联赛开始时，回应她的是一片片欢呼的人声与哨声。

俗语云"彩排差劲表演必出彩"，在巴西，这句话或者应该反过来说：彩排出彩表演必差无疑。

2005年和2009年，巴西均将联合会杯冠军纳入囊中，但在紧随而来的世界杯上，巴西军团铩羽而归。2013年同巴西分在一组的有日本、墨西哥和意大利。另外一组则是西班牙、乌拉圭、尼日利亚，以及只是露下脸、大可无视的塔希提。

斯科拉里弃用保守派，所以卡卡、罗纳尔迪尼奥和法比亚诺并不在球队名单之列。对阵日本的首场比赛，巴西的首发阵容为：

朱利奥·塞萨尔、丹尼尔·阿尔维斯、队长蒂亚戈·席尔瓦、大卫·路易斯、马塞洛、路易斯·古斯塔沃、保利尼奥、奥斯卡，浩克、弗雷德和内马尔。

开场两分钟后，内马尔在后场就让观众捏了一把汗：他在禁区边线用右脚将球吊到边角，就像在巴西某个海滩玩耍一样，弗雷德用胸又把球顶回内马尔的脚下，球的一来一回之间，展现的正是内马尔足球生涯中诸多绝妙的脚下功夫。让日本1：0落后的国家，却有着世界上最多的日本侨民。

接下来保利尼奥和朱利奥的两记进球将比分变为3：0。巴西队踢得更加酣畅淋漓，日本队却已心如死灰。

联合会杯比赛用球CAFUSA，由三部分组成：CA代表Carnaval（狂欢节），FU代表Futebol（足球），而SA则代表Samba（桑巴），均与巴西有关。不过在开场赛之后的几天，巴西将会展现更多的色彩与风貌。

与此同时，随着示威游行气势越来越强，成千上万名群众聚集巴西各大城市，就连许多穷县小镇，人们也在市政厅、各大广场上汇合，开始发泄他们的不满。在"南美巨人"的国土上，这股大火迅速地从北方烧到了南方。内马尔出生的1992年，人们走上街头抗议费尔南多·科洛尔·德梅洛的统治，人数之多，史无前例。2013年，示威人数再达顶峰。

示威队伍同样出现在体育馆，但是群情之愤并不针对球员。横幅如是写着：

"这不是你的事，这是腐败的事。"

内马尔直言自己的观点，可谓在情在理。他在Instagram上表明自己站在民众这一边，并且表达了对抗议的理解和同情。

"对于走上街头要求改善交通、医疗、教育和安全状况，我一直非常确信这些都不是必要手段。所有这一切都是政府的责任。"

"我的父母为了照顾我和妹妹，只有非常辛苦才能让我们过上温饱和勉强不犯愁的日子。我是巴西人，我爱我的祖国。巴西有我的家人和朋友。我当然也渴望有一个更公平、更安全、更健康和更诚信的巴西。我唯一能为巴西做的和代表巴西的事，就是在绿茵场上踢球。"

"你们的示威激发了我的斗志，于是我踏上球场对阵墨西哥队。能把我们民族凝聚在一起的，也许只有巴西队，运动员是全国人民选出来的。但是同我国的政客一样，这些年来，人民对球队并不抱多大的信心。"

但是，斯科拉里和那群小伙子们相遇之后，情况出现了转机。在第二场对阵墨西哥队的比赛中，巴西队仍然踢得高潮迭起，以2:0击败了这一奥林匹克强敌。这场比赛中内马尔再次发挥了关键作用，同对阵日本队时一样踢出反越位球，不过射门的却是左脚。

两天之后迪尔玛发表讲话，向全国人民承诺改革，并且提到上百万巴西民众在这几年内已经成为中产阶级。示威者如是回应总统：尽管我们已是中产阶级，我们仍有权对政府感到失望。没有人相信改革会获得顺利实施。各大州的许多地方政客均有腐败之名，没人相信这些政客会信守诺言。政府许诺世界杯体育馆的投资只会来自于私人。这种诺言显然不可能得到遵守，相反，巴西的体育建筑设施之昂贵，堪称世界杯历史之最。此外，被任命去维持示威秩序的警察收入低廉。他们是里约热内卢腐败的象征，得不到任何人的信任。另一方面，政客们的收入却名列世界前茅，但同样没有人信任。

"我很欣慰看到有这么多的年轻人、中年人，有的爷孙三人一起，举着国旗，唱着国歌，这一切只是为了国家能更好地发展。"迪尔玛在讲话中如是说道，但对于平息民众的抗议，却未多言半句。她的讲话反而激发了不同社会背景和身份的民众走上街头。在里约热内卢，穷人从山里千里迢迢来到富人区，贫富差距和不平等顿时显露无遗。老弱病残者和同性恋者，每个人都憋了一肚子话要发泄。有些示威最后演变成蓄意破坏的暴力行为，恶棍流氓趁火打劫，砸商铺，抢银行。一旦示威以冲突对峙告终，气弹催泪弹和争论就开始了。谁先开火的，警察还是示威者？

在足球场上，另一场战斗即将打响。意大利队站在小组决赛场上，严阵以待足球史上最伟大的两支国家队间的精彩对决。内马尔利用任意球得一分，犹如济科和罗纳尔迪尼奥这两位大师的精彩合体，让布冯呆若木鸡，脚死死地钉在地上。三场比赛，三个入球，快刀解决对手。内马尔的形象干净利落，没有半点拖泥带水。

巴西队以4：2击败意大利队，而且在另一场足球盛宴上，巴西队在人民心中的形象愈加鲜明。对于半决赛强敌，从1950年起就享有魔鬼队之名的乌拉圭，斯科拉里不屑地摇摇头。"小伙子一点也不用想着1950年那场比赛。"他这话无异于给队员们打了一针强心剂。

这场比赛是巴西队有史以来踢得最艰难的一场，直到终场前不久保利尼奥头球入门，将比分定格为2：1领先时，巴西人才得以尽情欢呼。

媒体很感谢球队的这场精彩表演，但是话又说回来，祖国人民不能忘记，现在为球队庆祝还为时过早。还有一件事没做，很简单，捧回奖杯。

西班牙，这个世界上最好的国家队，精彩比赛的标杆，正在决赛场上静候巴西。求胜欲强的巴西队必须重获人民的信心，必须让世界相信巴西队仍然是足球踢得最漂亮的球队。在晋级决赛的征程中，西班牙曾10：0

大胜塔希提，并在半决赛上遭到意大利队的顽强抵抗，最终在点球大战中战胜对手。

成千上万名警察，从街头交警到更像是士兵的精锐部队，都在决赛之日被下令去里约热内卢的马拉卡纳球场维持秩序。有且仅在这一天，天堂和地狱并存于世。体育馆周围的街头巷尾充斥着警察为对付示威者而释放的气弹味。这里有一个看不见的敌人，它是眼中钉肉中刺。马拉卡纳的嘈杂人声中，夹杂着阵阵狂喜。

一般情况下，巴西政客喜欢在重大事件场合抛头露面，但是今天，他们选择了低调。今天属于人民。两分钟后，弗雷德用背将球顶过卡西利亚斯，成功破门。随即70000余名巴西球迷爆发出雷鸣般的欢呼。

"躺着的时候，我幻想过很多事。现在我终于也进过一球了。"比赛之后弗雷德说，还调皮地作了下眼睛。

弗雷德来自弗鲁米嫩塞，这个身穿桑巴军团9号球衣的巨人是女孩们梦中的白马王子，男孩们眼里的英雄。尤其是在他所居住的里约热内卢，他可能就是你在沙滩上或超市里碰到的那个当地人。这个本地英雄在家门口挣着属于自己的那份钱，而且比其他欧洲俱乐部的球员更受欢迎。

在进球之后，他双手放在胸前，观看比赛的女粉丝们如梦呓语，齐声喊道："噢，弗雷德。"

另外一个冷静的进球来自内马尔。44分钟，奥斯卡巧妙过人后将球传给内马尔，内马尔近距离射门，击中球网上端。47分钟，弗雷德再次让女球迷们惊呼不已，他从内马尔脚下接过球后，将它送入球门。一老一少配合得天衣无缝，在这短短数周之内，便成为天造地设的黄金搭档。

让观众瞩目的并非只有他们两个，每位球员都释放出了自己的光彩。

朱利奥·塞萨尔就像一堵会移动的人墙，甚至挡住了一个点球。大卫·路易斯在防守中积极抢位，在球门线上奇迹般地挡下一记射门。内马尔则一直"欺负"他的巴萨队友杰拉德·皮克，迫使他吃了一张红牌。每位巴西球员都在演绎自己的故事，他们为球队而战，球队为了巴西和巴西人民的荣誉而战。在超过十年的时间里，巴西看上去就是一支能够在最伟大的国家比赛之一中卫冕世界冠军的队伍。

这场比赛的日期，正好是巴西最近一次世界杯夺冠的11周年纪念日。

冠军，冠军回来了。欢呼声、叫好声在马拉卡纳反复回荡。巴西队球员轻易地将球传来传去，西班牙人早已回天乏力，整队死气沉沉。终场哨声响起，比赛结束。

巴西3∶0战胜西班牙夺冠，所有人都觉得难以置信。

"这些球员有着一双双赤血瞳孔。"在马拉卡纳前面的球迷们愉快地说。这句巴西俗语的意思就是为了一件事甘愿付出一切。这个美誉是球员们辛苦赢来的，他们担得起此名。

"我12岁的儿子一直支持的是西班牙队，他说西班牙是世界第一。我很高兴他今天知道巴西才是世界第一。以前他只是听我说，现在他自己亲眼看到了。"马科斯说，这位父亲可真是乐坏了，因为他终于说服了儿子伯纳多。伯纳多感慨地说："我真的不敢相信西班牙被我们败得这么惨。"

内马尔收获了金球奖，证明在这届联合会杯比赛中，他是当之无愧的最佳球员。第二天他就登上了各大报纸的头版头条。

媒体总是跟随人民的态度而见风使舵。当西班牙队的下场跟塔希提一样时，兰斯在报道里就暗指其为波西尼西亚的替罪羊。至于内马尔："内马尔的批评者们已经倒戈了。"

在比赛之后，国际足联官网采访了内马尔。在整届比赛中，内马尔的4个进球均匀分配，左脚右脚各两个，这一点，当然不会不被注意到。

"从小我就练习两只脚踢球。我父亲常常跟我说，无论哪只脚接到球，我都要有能力击球。我想我听进去了。"内马尔说，笑容中带着十足的自信。

对于比赛之前外界的批评，他说："说实话，我不是很在意别人对我的批评。我觉得我不需要用优异的表现去说服那些说我坏话的人。我的目标是成为球队的重要一员，并且去赢得比赛。归根结底，打赢比赛对我来说才是最重要的。"

球场上的大赢家，球场之外同样收获颇丰，也许大到出乎他的意料。在巴西他赢得了数万名球迷的心，即使是最不待见他的人。巴西人民要求他发挥最大的能力，内马尔满足了他们的愿望。

要求很简单，一双赤血瞳孔而已。

结　语

内马尔将原本不清晰的自己转变成了一个实实在在有形的东西：一名真正耀眼的足球明星。

两个礼拜的联合会杯让人们开始真正严肃地看待球员内马尔。内马尔让人们更加专注于内容，而非形式。

对于内马尔和巴西来说，还有很多东西需要去实现，也需要去被证明。

但是在这个紧要关头，内马尔离开了多年腐败丑闻缠身的巴西，带着超越西班牙的必胜决心去巴萨，开始了新的生活。很少有人能够预测到，在和一些全世界最好的球员竞争中，他是否还能赢得最佳球员的奖项。

这只"黄金鸟"将穿越整个大西洋，顺风归来。

在圣保罗湾区的孩子们会穿着内马尔在巴萨的球衣沿着大街小巷追逐，梦想着能追随他的步伐去运球。

而在维森特，人们会为他祈祷。

贝蒂尼奥的眼睛已经开始在寻找着下一个内马尔了，或许雷吉纳尔多·菲诺已经找到了他？

内马尔在巴塞罗那俱乐部实现着他的梦想，加泰罗尼亚因为罗马里奥、罗纳尔多、里瓦尔多和罗纳尔迪尼奥这些突破自己而成为足球传奇的巨星而有了骄傲的资本。

内马尔从贝利时代的桑托斯走出，让自己名留青史，也书写了自己的传奇。他成功地离开了故乡。

就像他在摩基达斯克鲁易斯的老邻居罗萨尔多所说的一样：

"我们不要拿他和贝利比，贝利是贝利，加林查是加林查，罗马里奥是罗马里奥，而内马尔是内马尔。他们都有各自的时代。而现在，正是内马尔的时代。"

致　谢

特别鸣谢此书中提到的所有人们。

在你们的指引和帮助下，我才能追随内马尔的脚步。

感谢摩基达斯克鲁易斯市 *O Diário* 的体育工作人员，特别是达尔文·瓦伦特和蒂亚戈·坎波斯。你们的帮助让我对写作本书计划的意义深信不疑。

感谢阿尔纳多·哈斯极其宝贵的帮助。

更要特别感谢克劳斯·邦凯、拉斐尔·蒙特罗、迈克尔·迪亚戈·杰普森、阿尔法拉·玛丽亚，当然还有你，卡特琳。

拥抱你们！

NEYMAR

参考文献

书籍

The Autobiography by Pelé, Simon & Schuster, 2006

The Accidental President of Brazil by Fernando Henrique Cardoso with Brian Winter, Public Affairs, 2006

Amazon Frontier by John Hemming, Macmillan, 1987

Red Gold by John Hemming, Macmillan, 1978

Brazil: A Land of the Future by Stefan Zweig, Ariadne Press, 2000

The Life of Senna by Tom Rubython, The Myrtle Press, 2011

Futebol - The Brazilian Way of Life by Alex Bellos, Bloomsbury, 2002

Simón Bolívar - Life by John Lynch, Yale University Press, 2006

Brasiliansk Fodbold by Jesper Høm and Christian Wohlert, Borgen, 1984

Garrincha: The Triumph and Tragedy of Brazil's Forgotten Footballing Hero by Ruy Castro, Yellow Jersey, 2004

杂志

Alfa May 2011, *O Complexo de Neymar*

Illustreret Videnskab, Magasinet Historie

报纸

EXTRA, 14 June 2011, *Inventei esse Penteado*

其他研究

Osonhobrasileiro.com.br

Kristeligt Dagblad

Globoesporte.com.br and Lance have been and always are a fantastic fount of knowledge for Brazilian football - including for this book.

注　释

《我真的很快乐》一章的内容来自于新闻发布会上的视频记录，由桑托斯足球俱乐部新闻部门提供。

《大使罗马里奥》一章中唐娜·丽塔和弗莱明·波弗尔森的句子引自2007年3月25日发表在B.T.上的一篇《他是一个美妙的儿子》的文章。弗莱明·波弗尔森为此文接受过拉尔斯·亨德尔的采访。

《恐龙的阴影》一章中费尔南多·卡瓦略、亚历山大·卡兰廓和罗伯托·加利亚诺内的话引自2006年9月22日发表在B.T.上的一篇《充斥四周的现象》的文章。

《来自贝利的电话》一章中关于埃尔顿·塞纳的部分来自阿斯弗·卡帕迪尔的电影《塞纳》。

　　《足球的牧师》中关于福音派和天主教会的内容基于对两个教堂多名专家的访谈。其中玛利亚·安吉拉·费拉伊是奥胡斯大学在巴西或葡萄牙的兼职讲师，她是一名天主教徒。

　　何塞·巴塞拉尔、佩德罗·多林尼奥以及费尔诺·索萨在马德拉进行的采访来自于2011年《他是罗纳尔多》一书。

　　《莫西干发型》一章中关于美发师科斯梅·萨勒斯和迪迪的话引自Esporte.uol.com.br。

　　《一个父亲的遗产》里内马尔父亲的话改编自《圣保罗页报》对他的采访。

　　《美洲之战》一章里爱德华多·加莱亚诺和奥斯卡·塔巴雷斯的话引自Fox体育台。

图书在版编目（CIP）数据

内马尔：无畏质疑 /（丹麦）班克著；李贵莲，王宁轶译.
—杭州：浙江大学出版社，2014.5（2014.6重印）
书名原文：Neymar:The Brazilian dream
ISBN 978-7-308-13168-1

Ⅰ.①内…　Ⅱ.①班…②李…③王…　Ⅲ.①内马尔-传记
Ⅳ.①K837.775.47.

中国版本图书馆 CIP 数据核字（2014）第 087155 号

内马尔：无畏质疑

[丹麦]彼得·班克　著

李贵莲　王宁轶　译

策　　划	杭州蓝狮子文化创意有限公司
责任编辑	陈丽霞
文字编辑	姜井勇
出版发行	浙江大学出版社
	（杭州市天目山路 148 号　邮政编码 310007）
	（网址：http://www.zjupress.com）
排　　版	浙江时代出版服务有限公司
印　　刷	浙江印刷集团有限公司
开　　本	710mm×1000mm　1/16
印　　张	15.25
字　　数	172千
版 印 次	2014年5月第1版　2014年6月第2次印刷
书　　号	ISBN 978-7-308-13168-1
定　　价	38.00元

　　菲利普穿着一件肮脏的运动衫在柏油球场上大步跑着。他只有九岁，可已经有一家德国代理商看上了他，帮他买鞋子，还帮他的父母交房租和电费。等待着他的现实是，如果他的球技不能保证他离开这个鬼地方，他就得靠加入毒品集团来过上更好的生活。

　　我在巴西足球金矿的调查彻底粉碎了我对巴西孩子的幻想，我以为他们会大笑着在科帕卡巴纳海滩上踢足球，而事实是这个游戏严肃得可怕。孩子们之所以去踢球是为了社会地位，为了银行里的户头，是觉得他们有义务帮助他们的家庭摆脱贫困。

——《金矿效应》